놀라운 상담가 예수

진정한 내러티브로서의 예수의 상담 방법론

놀라운 상담가 예수

진정한 내러티브로서의 예수의 상담 방법론

초판 2쇄 인쇄 2024년 10월 4일
초판 2쇄 발행 2024년 10월 4일

지은이 김순초
발행인 김순초
발행처 On Book ㈜옵스웨이
출판등록 2007년 10월 4일 제2011-000094호
주소 서울 금천구 가산디지털1로 145 에이스하이엔드타워3차
전화 02-2624-0800
팩스 02-2624-0803
전자우편 onprint01@onprint.co.kr
홈페이지 www.onprint.co.kr

ISBN 979-11-88477-27-2(93230)

이 도서의 국립중앙도서관 출판예정도서목록(CIP)은 서지정보유통지원시스템 홈페이지(http://seoji.nl.go.kr)와
국가자료공동목록시스템(http://www.nl.go.kr/kolisnet)에서 이용하실 수 있습니다.

The Wonderful Counselor – Jesus Christ
: The Counseling Methodology of Jesus as the Authentic Narrative Inquiry

놀라운 상담가 예수

진정한 내러티브로서의 예수의 상담 방법론

김순초 지음

저자 서문

이벤젤(Evangel Christian University of Asia)에서 성경적 상담을 가르치면서 놀라운 상담가(Wonderful Counselor)인 예수의 상담 방법에 주목하고 연구 주제로 택하게 되었다. 사실상 선행 연구가 거의 전무한 상태에서 논문을 거쳐 책으로 완성하기까지 많은 어려움과 고민이 있었지만, 이 과정은 깊은 배움과 깨달음의 여정이었다. 예수의 상담 기법과 그 중요성을 연구하는 과정에서 성경적 상담 분야에 현대적인 상담 방법을 접목할 수 있는 길을 찾을 수 있었고, 실제 상담을 통해 복음이 전해지는 놀라운 경험을 하게 된 것이다.

이 연구는 현대 심리학과 성경적 상담의 접목점을 찾는 데 예수의 상담 방법론이 어떤 역할을 할 수 있는지를 중점으로 다루었다. 예수의 삶과 가르침을 통해 드러난 상담 기법은 그가 상담가로서의 역할을 어떻게 수행했는지를 잘 보여준다. 필자는 이러한 예수의 상담 사례를 성경 본문 안에서 면밀히 분석하고 이를 현대적 상담 기술과 비교하며 실질적인 상담 기법으로 발전시키기 위해 다양한 시도를 했다. 이러한 시도의 결과가 성경적 상담을 지향하는 이들에게 실질적인 도움이 되기를 바라며, 내가 그러했듯이 후학들에게도 신앙적 성장과 학문적 지평을 넓힐 수 있는 계기가 되기를 바라는 마음을 담아 책으로 묶을 용기를 냈다.

책이 나오기까지 많은 분의 도움과 격려가 있었다. 먼저 이 연구의 핵심인 하나님의 한없는 은혜와 예수님의 크신 사랑, 성령님의 동행하심에 감사와 영광을 돌린다. 그리고 이 책이 완성되도록 편집을 도와준 오영미 교수님, 윤소영 교수님과 성경적 상담의 국내 서적 및 연구의 한계를 넘어서도록 뉴욕 컬럼비아 대학 도서관의 영문 자료들을 제공한 아들 강민규 목사에게 감사한다. 곁에서 늘 힘이 되어 준 이벤젤 대학원의 김금미 교수님, 김성원 교수님과 모든 학생들에게 감사드리며, 상담센터에서 수고하는 박하영, 정보배, 강민호 스태프에게 애정을 표한다. 끝으로 후원과 사랑의 격려를 아끼지 않았던 남편 강희성 목사님에게 감사의 마음을 전한다. 그들의 지지와 기대가 있었기에 이 책을 세상에 내놓을 수 있었다.

이 책이 예수의 상담 방법론을 이해하고자 하는 이들에게 유익한 자료가 되기를 바라고, 많은 상담가들이 경이로운 상담가이신 예수의 상담 기법을 자신의 실무에 적용해 내담자들에게 더 나은 상담 서비스를 제공할 수 있기를 소망한다. 무엇보다 이벤젤 대학원에서 성경적 상담학을 공부하는 제자들이 학문적인 영역에서 전진해 나가고, 학문적 성과를 상담 현장에서 유용한 도구로 사용할 수 있도록 이 연구를 더욱 확장하고 발전시켜 나가기를 기대하고 응원한다.

주님 안에서 모든 이들을 축복한다.

2024년 9월 30일
이벤젤 아시아 캠퍼스에서
김순초

III

성경적 상담의 이해

IV

상담 방법론으로서 예수의 상담 연구

예수의 상담 원리의 적용

결 론

I. 서 론

1. 연구 배경 및 의의

현세대를 표현하자면 '팝콘 제너레이션(Popcorn Generation)'이라 표현할 수 있다. 현세대는 강렬한 인상을 주거나 자극적으로 눈에 띄는 것만 보려는 경향이 강하기에, 대상에 집중해서 긴 시간 바라보지 못하고 잠시 눈길을 주는 것도 부담과 분주함으로 느낀다. 이름도 알 수 없는 수많은 대상에 우리의 시선이 이리저리 분산되는 것이 현실이다. 근래의 'Slacktivism(게으른 사람을 뜻하는 Slacker와 행동주의를 뜻하는 Activism의 합성어, 노력이나 부담을 갖지 않고 사회운동을 하는 행위)'이라는 단어로 현대 사회를 비판하듯이, 지금의 세대는 바라보는 것들에 실질적으로 다가가 머물러 동행하는 힘을 크게 상실하고 말았다. 살아가면서 사랑하는 사람의 눈을 길게 본 적이 있었던가? 머물러서 무언가 길게 바라보는 일은 우리의 인생에서 정말 중요하다. 목적을 향해 빠르게 나아가려고만

한다면, 우리는 조용히 갈 수가 없을 것이며 그 발걸음마저 아주 소란스러울 수밖에 없다. 하지만 놀랍게도 우리가 천천히 나아가려 한다면 같은 상황에서 창의적인 존재로 행동할 수 있게 된다. 때론 그 무엇에 집중해 초월적인 비범함을 얻기도 한다. 머무르는 것은 작고 세부적인 것, 성찰 속에 오랫동안 머무를 기회를 준다. 개발이 지연되거나 감소하는 것이 아니라 결과에 대한 우리의 인식이 강화되는 일이 된다. 그렇기에 머무르는 일은 우리가 사용해야 하는 힘을 늘리고 증가시키도록 이끌 수 있다.

앞서 언급했듯이, 우리는 이전과 달리 인간에게서 하나님의 냄새가 상실되고 있는 시대를 살아가고 있는지 모르겠다. 더 나아가 시대정신에 입각한 우리에게서 사람 냄새까지 나지 않을 때도 있다. 이런 시대적 절망 속에서 우리에게 사람 냄새를 되찾고 인간의 존엄에 생명을 불어넣을 수 있도록 이끌어줄 수 있는 길이 있다면 단연코 '상담(Counseling)'이라고 강조하고 싶다. 상담은 인간의 삶에서 필수적인 요소 중 하나이기 때문이다. 상담을 통해 인간관계, 건강, 심리적인 다양한 부분에서 영향을 미치는 중요한 역할을 해내는 것이 가능하다. 그리고 더 나아가 '성경적 상담(Biblical Counseling)'은 교회의 변화를 위한 전 세계적이며 다문화적인 요인 속에서 빛을 발하게 되었다. 이러한 중요성 때문에 성경적 상담은 여러 분야와 접목해 지속적으로 발전하고 있으며, 이에 따라 성경적 상담 기술도 매우 다양해지고 있다. 상담에서 가장 중요한 것은 상담가의 지혜, 인간애, 경험 등과 같은 개인적인 요소들이다. 그리고 그 개인적인 요소의 향상을 위한 인간적이고 초월적인 롤 모델(Role Model)이 반드시 필요하다. 그러한 배경에서 상담에서는 '예수 그리스도'라는 비범한 인물의 삶과 가르침을 연구하며 그를 최고의 상담가 중 하나로 많은 학자와 연구가들이 새롭게 조명하고 있다. 오늘날 많은 목회자가 심리학 훈련을 받고 상담을 영적 사역의 중요한 요소로 이해하고 있다. '심리학'이라는 단어는 '영혼'을 의미하는 'psychē'와 '말씀'을 의미하는 'logos'라는 두 가지 그리스어 용어에서 유래되었다. 문자 그대로 말하자면, '영혼에 대한 연구'인 것이다.[1]

NIV 구약성서 이사야서 9장 6절에 기반한 예수의 이름 중 'Wonderful (기묘자) Counselor(모사)'라는 표현을 볼 수 있다.[2] 히브리어로 '기묘자 (פֶּלֶא, Pe-le, Wonderful)'는 '특이하거나 평범하지 않은 비범한 것'을 의미한다. 역사적인 히브리어 용례에서 이 단어는 왕이 그의 백성에게 권고하는 것을 묘사하는 데 사용되었다. 그것은 인간의 설명 영역 밖에 있는 현상이며, 정상적인 사건 과정에서 분리되거나 설명할 수 없는 무언가를 의미한다고 볼 수 있겠다. 우리는 종종 놀라운 기적을 보고도 놀랍게 여기지 않는 시각을 가졌으며, 경이로움에 대한 감각이 제한적이다. 과학과 기술의 성공들로 인해 기적의 놀라움을 온전히 바라볼 수 있는 능력이 점차 우리에게서 사라져 가는 것이라 볼 수 있다.

이사야 선지자는 그의 저서에서 초반부는 인류, 죄악된 길, 임박한 심판에 대한 암울한 그림을 그렸다. 그러나 그 이후에는 어떻게 예수의 탄생이 그러한 상황들을 치유할 것인지 설명한다. 그리고 그의 예언대로 예수는 자신의 삶과 가르침을 통해 지혜롭고 효과적인 상담 기술을 지닌 상담가로 자리매김하게 되었다. 예수의 상담 기술은 다양한

---

1 John Drakeford, *Psychology in Search of a Soul* (Nashville: Broadman Press, 1964), 2.
2 Isaiah 9:6, *"He will be called Wonderful Counselor, Mighty God, Everlasting Father, Prince of Peace."*

분야에 적용되었고, 실제로 당시 수많은 사람의 삶을 변화시켰다. 또한 그의 상담 기술은 지혜롭고 효과적인 전달 방식과 깊은 인간성에 기반해 있어, 현대 상담가들에게도 큰 영향력을 미치고 있다. 이러한 놀라운 상담가(Wonderful Counselor)인 예수의 상담 기술을 분석하고, 현대 상담에 적용할 수 있는 방법을 연구하고자 본 논문을 작성하게 되었다.

먼저 짚어 봐야 할 것은 성경의 이야기와 예수의 사역들이 우리 시대의 상담과 밀접한 관련이 있는지에 대한 물음일 것이다. 안타깝게도 과거 기독교 세계관은 그리스도인이 상담에 능숙해야 할 필요가 있는지 깨닫지 못했다. 그래서 상담에 관해 잘 알지 못했던 시대에는 인간 내면의 문제에 대해 간과하고 시대적이고 문화적인 색안경을 통해 일괄적으로 고유한 대상의 행동을 판단하고 해석할 수밖에 없었다. 인류의 역사 속에서 그러한 상담에 취약한 태도로 인하여 많은 그리스도인의 고통과 신음을 교회가 외면하였던 것이 아니었는지 생각해보게 된다. 그리스도의 '사랑'의 가르침에는 성숙하고 유익한 실제적인 상담 요소들이 포함되어 있다. 하지만 예수 그리스도가 최고의 상담가라고 조명된 것은 그리 오래되지 않았으며 오늘날에 와서야 기독교 세계관에서 예수의 상담적인 측면을 조명하고 분석하기 시작했다. 또한 한정된 사례들에서 그의 상담적인 기술이나 방법을 연구하는 일이 쉽지 않은 게 사실이다.

성경적 상담의 모델은 예수 그리스도이다. 오늘날 인본주의에 바탕을 둔 심리 상담을 다루는 이론들이 많이 있지만, 예수의 상담의 독특성을 성경적 상담의 원리에 기반해 연구한 사례는 거의 없는 실정이다. 필자는 성경의 가르침을 떠난 어떠한 학문이나 방법론도 인간의 마음을 완전히 새롭게 변화시킬 수 없다고 믿는다. 하지만 성경적 상담은 일시적인 변화의 수준을 완전한 해결로 목표하지 않는다. 실제로 예수의 상담들은 그가 살았던 시대가 감당하기 어려운 오랜 과거에서 이뤄졌던 놀라운 일들이었다. 분명 예수를 만난 이들은 새로운 변화를 경험했으며 그와 나눈 대화들은 마음에 놀라운 변화를 가져왔다. 그의 상담은 삶을 크게 변화시키는 성경적 상담이었기 때문이다. 성경적 상담은 인간의 내적인 문제를 해결하고 삶의 질을 향상시키는 데 매우 중요한 역할을 할 수 있다. 왜냐하면 창조주가 피조물의 문제를 해결해 주는 실마리가 말씀에 있기 때문이다. 그러나 성경적 상담이 온전히 이루어지지 않으면 오히려 상황을 악화시키는 경우도 있음을 유의해야 한다.

> 상담이 성공적으로 이루어지기 위해서는 상담가가
> 내담자와의 치료 관계에서 자신의 모습을 진실되고
> 일관되게 보여 주어야만 한다는 것을 깨달았다.
> 즉, '사람-중심 접근법(person-centered approach)'만이
> 가장 상담다운 상담인 셈이다.[3]

이처럼 상담가와 내담자와의 치료 관계에서 상담가의 태도에 따라서, 즉 상담가의 태도가 진실되고 신뢰 가능할 때 더 효과적이고 완성도 높은 상담을 이뤄진다는 것을 알 수 있다. 필자는 효과적인 상담을 완성하기 위해, 내담자를 가장 잘 이해하고 온전하게 대했던 예수 그리스도만의 상담을 위한 지혜와 내담자를 향한 사랑이 성경적 상담가들에게도 반드시 필요하다고 여긴다. 이러한 관점에서 볼 때 예수의

---

3 Carl Rogers, *A way of being* (HarperOne, 1995), 5.

상담 기술은 오늘날 매우 중요한 역할을 할 수 있으며, 이를 분석해 현대 상담에 적용할 수 있는 방안을 모색하는 것은 매우 의미 있는 일이라 할 것이다.

이를 위해 본 연구에서는 문헌 연구를 통해 일반심리학의 인간 이해와 성경의 인간 이해를 비교 분석한 후, 진정한 내러티브 탐구(Authentic Narrative Inquiry)로서의 예수의 상담 방법론을 제시하고자 한다. 이를 바탕으로, 이마고(Imago) 가족상담 기법과 예수의 상담 방법론 및 내러티브 탐구의 특징이 융합된 본 연구자의 상담 기법을 실제 상담에 적용한 사례를 축어록과 함께 제시함으로 상담가들의 이해를 돕고, 진정한 내러티브로서의 예수의 상담 방법론의 중요성을 강조하고자 한다.

2. 연구 목적: 예수의 상담적 역할과 중요성

본 연구는 예수 그리스도의 심리 상담 방법에 대한 깊은 고찰과 연구를 목적으로 한다. 예수는 당대에 다양한 인간적 문제와 고민을 안고 있는 사람들에게 가르침과 치유를 제공했다. 그러므로 그의 'Wonderful Counselor'라는 타이틀은 이러한 상담 활동에 대한 중요성을 강조하며, 이 논문을 통해 예수의 상담 방법에 대한 심층적이고 체계적인 이해를 도출하려 한다.

첫째로, 우리는 성경 및 역사적 자료를 토대로 예수의 시대적 맥락을 이해하고, 그 시기의 인간관계 및 정서적 상황을 탐색할 것이다. 또한, 예수의 신학적 사고 체계와의 비교를 통해 그의 독특한 상담 관점을 강조하고자 한다. 본 연구의 범위는 무엇보다 성경적 상담을 예수의 상담에서 발견하고자 한다. 따라서 성경적 상담이 무엇이고, 예수의 상담 방법은 어떤 것들이 있었는지와, 복음서에 등장하는 예수의 실제 상담 사례들을 깊이 연구할 것이다. 본 연구자는 성경적 상담에 관한 기존의 연구 문헌들을 참고하고 필자의 예수의 상담 사례에 대한 연구를 통해 본 논문을 구성하고자 한다.

둘째로, 주요 상담 이론 및 방법론을 분석하고, 예수가 사용한 기술과 상담학적 원리를 살펴보겠다. 이를 통해 우리는 그의 상담 방법이 현대의 심리 상담 이론과 어떻게 일치하거나 차이가 나타나는지에 대해 깊이 이해할 수 있을 것이다.

마지막으로, 이 논문은 예수의 상담 방법이 현대의 성경적 상담가들에게 어떤 교훈을 제공할 수 있는지에 대한 고찰을 포함할 것이다. 그의 상담 원칙이 어떻게 실용적으로 적용될 수 있으며, 성경적 상담가들이 이를 참고하여 자신의 심리 상담 실무에 적용할 수 있는지에 대한 새로운 통찰력을 제시하려 한다. 그러므로 이 논문은 예수의 상담적 업적에 대한 심층적인 이해를 통해 심리학과 신앙, 상담학 등 다양한 분야에 기여할 것으로 기대된다.

3. 연구 방법론

본 연구는 예수의 상담 방법론을 체계적으로 분석하고, 그 방법론이 현대 심리학적 상담에 어떻게 통합될 수 있는지를 탐구한다. 이를 위해 복합적인 연구 방법론을 채택하여, 이론적 및 실제적 관점에서 상담의 성경적 접근을 심층적으로 조사하였다.

본 연구의 기초는 광범위한 문헌 연구에 있다. 성경, 초기 교회 문헌, 고전 심리학 이론, 그리고 현대 심리학적 상담 접근법에 이르기까지 다양한 출처를 통해 예수의 상담 방법론과 그 역사적 배경을 조명한다.

첫째, 성경적 텍스트와 심리학적 이론 간의 상호 작용을 분석함으로써, 예수의 상담 방법이 심리학적 개념과 어떻게 연결되는지를 이해하는 데 중점을 둔다. 이 과정에서 비판적 분석을 적용하여 각각의 문헌이 제시하는 이론의 한계와 잠재력을 평가한다.

둘째, 예수의 상담 사례들을 통해 그의 방법론을 심층적으로 분석하기 위해 내러티브 탐구 방법을 적용하였다. 이 방법은 성경적 사례들을 문학적, 역사적, 심리학적 관점에서 해석하는 것을 포함한다. 해석학적 접근을 통해 텍스트의 다층적 의미를 탐구하고, 예수의 상담 방법론이 당시 문화와 사회, 신학적 맥락에서 어떤 의미를 갖는지를 분석한다.

셋째, 이마고 부부상담 기법과 예수의 상담 방법을 통합한 새로운 상담 프로토콜을 개발하고, 통제된 임상 시험을 통해 이를 평가한다. 이 연구 부분은 상담 회기의 녹음 및 비디오 기록을 분석하여, 상담가와 내담자 간의 상호 작용, 변화의 과정, 그리고 치료적 결과를 종합적으로 평가한다. 이는 상담 기법의 효과성을 과학적으로 측정하고, 실제 상황에서의 적용 가능성을 검증하는 데 중요하다.

넷째, 성경적 상담 이론과 현대 심리학적 상담 기법을 기반으로, 예수의 상담 사례들을 종합적으로 분석한다. 이를 통해 예수의 접근법이 개인의 심리적, 영적 문제 해결에 어떤 영향을 미치는지를 심도 있게 조사하고, 그 결과들을 현대의 상담 이론과 통합하여 예수의 방법론이 현대 상담 실무에 어떻게 적용될 수 있는지에 대한 새로운 이해를 제공한다.

II. 인간 이해 이론

1. 심리학적 인간 이해

성경적 상담을 발전시키기 위해 성경적 상담가들은 심리학 관점에 기초한 인본주의 중심의 이론들에 대해서도 잘 이해해야 할 것이다. 학문적인 완성도를 위해 각자가 주장하는 바에 능통하지 않으면 이해와 대화가 불가능하며 고립되는 경향을 띠기 때문이다. 사람을 살리기 위한 상담은 무엇보다 인간에 대한 이해가 선행되어야 한다. 따라서 본 연구에서는 심리학적 인간 이해를 뛰어넘는 예수의 인간에 대한 이해의 관점을 밝혀야 하기에 심리학 분야의 대표적인 학자들의 다양한 주장을 통해 심리적 인간 이해의 다양한 관점을 먼저 살펴보려 한다.

심리적 인간 이해는 자연주의에 입각하여 인간을 이해하려는 인간관이다. 여기서 말하는 심리적 인간관이란 찰스 다윈(Charles Darwin)에 의해 만들어진 진화론적인 인간관과 유사하다. 이는 미생물에서 출발하여 고등동물로 진화된 순서를 따르는 인간관이기도 하다. 이와 같은 인간관을 주장하는 사람들 가운데 일부가 창조적 인간관을 접한 뒤 그것에 대응하는 이론을 설정하고 연구하면서 진화론이란 이름으로 연구를 시작하였는데, 대표적인 사람이 지크문트 프로이트(Sigmund Freud)이다. 그에 의하면, 인간은 성서적 인간관, 신에 의해 창조된 인간관을 수용하지 못한다. 따라서 그는 인간의 이성과 자연주의 철학에 근거하여 인간의 구성요소를 진화론으로 설정하고 연구를 시작한 것이다. 예를 들면, 성서가 말하는 인간관은 영혼(Spirit)과 육체(Body)를 주장하지만, 심리적 인간관은 혼(Soul)과 육(Body)을 주장한다.

본 장에서는 심리적 인간 이해를 위해 프로이트(Freud)의 정신분석학적 인간 이해와 칼 구스타프 융(Carl G. Jung)의 분석심리학적 인간 이해, 랭크(Otto Rank)와 설리번(E. S. Sullivan)의 인간 이해, 그리고 빅터 프랭클(Viktor Frankl)과 윌리엄슨(E. Wiliamson)의 인간 이해를 정리하면서 그 이론들의 제한성을 논하려고 한다.

1) 지크문트 프로이트(Sigmund Freud)의 인간 이해

정신분석학(Psychoanalysis)을 창시한 프로이트(Sigmund Freud, 1856-1939)에 의하면, 인간에게는 정신적인 부분이 중요하며 그것을 이해하기 위해서 많은 지식이 필요하다. 그러나 그가 말하는 정신에 대한 지식은 단편적인 인간 이해이며, 본질에 대한 부분적인 접근이고, 결과론적인 면에서 기계적이고 과거 지향적이라는 지적이 있다. 그는 이런 지적을 외면하지는 않았으나 인간의 성격 구조를 세 가지 구성체(원초아, 자아, 초자아)로 이해하여 심리 구조를 설명하는 방법을 취하였다.[4]

그가 말하는 '원초아(Id)'는 무의식적인 구성요소이고, '자아(Ego)'는 정신적 구성요소이며, '초자아(Super-ego)'는 사회적인 구성요소이다. 원리적 측면에서 보면, '원초아'는 쾌락 원리로써 행동하는 본능을 주관하고 주관적인 경험 세계의 내부 세계를 표현하는 순수한 정신적 실체라고 한다.[5] '자아'는 지성과 합리성(혹은 논리성)에 근거하여 원초아의 돌출적인 충동을 억제하고 다스리며 인격 구조의 집행자 역할을 하는 욕구 충족의 모체라고 한다. 한편 '자아'는 무의식적인 욕망의 분출을 주시하면서 점검하는 역할을 하고[6] '초자아'는 쾌락보다는 도덕적이며 법적인 것을 통해 이상과 완전을 추구한다. 이것은 하나의 이상의 원리로서 자아를 감시하면서 원자아의 억압을 조절하는 것을 말한다. 상기 이론을 정리하면 이는 대부분 생물학적이고 자연주의적인 인간관을 설명한다고 볼 수 있을 것이다.[7]

프로이트는 정신세계를 분석하는 과정에서 심적 에너지라고 불리는 '리비도(Libido)'를 연구의 도구로 제시하였다. 리비도는 인간의 정신적 세계를 지배하는 것으로, 그것의 발전 단계로는 구강기, 항문기, 남근기, 잠복기, 생식기 등이 있다. 그는 인간에게 있는 리비도는 쾌감을 느끼면서 단계적인 발전을 거듭한다고 말하며, 이를 '승화(Sublimierung)'라는 말로 요약했다. 승화란 어떤 문제가 본능에 영향을 주면, 영향받은

---

[4] Gerald Corey, 「상담학개론」 오성춘 역, (서울: 장로회신학대학출판부, 1983), 24.

[5] C. S. Hall & G. Lindzey, *Theories of Personality* (New York: Wiley, 1966), 32.

[6] C. S. Hall, *A Primer of Freudian Psychology* (New York: The World Publishing Co., 1955), 128.

[7] 김병원, 「목회상담학」 (서울: 한국성서대학교출판부, 2003), 180.

본능이 어떤 원인을 수용하면서 발전적인 단계로 상승한다는 말이다. 그는 이런 승화가 일어날 때는 대부분 사랑이라는 매개체가 적지 않게 작용한다고 보았다.[8]

프로이트의 이론을 정리하면, 사람이 가지고 있는 내재적인 부분은 인정하는 것처럼 보이나 초월적인 부분에 대해서는 부정한다고 볼 수 있다.[9] 이는 프로이트가 유대인으로서 소외된 가정 환경과 삶의 현장 속에서 배우고 익힌 결과라고 할 수 있으며, 신앙의 초월적인 부분에 대해서는 강한 부정적 태도를 취하는 것으로도 해석할 수 있다. 그 결과 그는 종교적 병리 현상에 과도할 정도로 몰입하는 경향을 보여서, 인간 이해가 한편으로 치우쳤다(biased)는 비판을 받기도 한다.

2) 칼 구스타프 융(Carl G. Jung)의 인간 이해

프로이트 이후 그의 이론에 반기를 든 사람들 중의 하나는 칼 구스타프 융(Carl G. Jung, 1875-1961)이다. 그가 다루는 마음에 대한 지식은 정신적인 것에 깊은 관심을 가진 사람들에게는 필수적인 지식으로 인정받고 있다. 심리학자들은 융의 연구를 처음에는 컴플렉스 심리학(Complex Psychology)이라고 하였다가 나중에는 '분석심리학(Analytical Psychology)'이라고 칭했다.[10] 그는 『상징의 변형(Symbols of Transformation)』이란 책을 출판하면서 프로이트와 작별하고 독자적인 길을 걷게 된다. 그는 인간의 무의식 부분에 관심을 가지고, 그 무의식 부분이 창조

---

8 Victor E. Frankl, 「상담과 심리요법의 이론과 실제」 이현수 역, (서울: 양영각, 1980).
9 김병원, op. cit., 181.
10 Ibid., 183.

적인 어떤 것을 가지고 있는가에 초점을 맞추어 인간 마음의 '의식 (Consciousness)'과 '무의식(Unconsciousness)'의 상관관계, 즉 상호작용의 보완성을 살폈다.[11]

융은 이런 연구 과정을 통해 자아에 대한 개념을 정립하려고 하였다. 자아에 대한 개념이 인간 중심의 주체(Self)로서 하나의 인격체(Persona)가 되며, 동시에 어떤 행동의 모체가 된다고 보았기 때문이다. 그는 무의 식을 개인적 무의식과 집단적 무의식으로 구분하고 개인에게는 자신을 초월한 민족적, 인류적, 그리고 보편적 무의식이 있으며, 각 개인의 정신적인 활동은 이 보편적인 무의식으로부터 리비도라는 에너지를 얻는 것으로 이해한다. 융이 이해한 무의식 안에는 완성을 위한 '개성화 (Individuation)' 문제가 돌출된다고 하였는데 인간은 종교라는 것이 개성화 과정에서 자신을 만나게 되고, 그것이 바로 자기실현이라는 과제를 통해 종교를 경험하게 하는 것으로 이해한다. 그러나 이런 가설은 검증된 것이 아니었다.

융은 종교라는 채널을 통해 자연 종교와 기독교 사이에 일치하는 어떤 것, 즉 개성화(Individuation)를 찾으려 시도하였다. 개성화는 개인의 성화 과정에서 나타나는 심리 내부의 변화 과정으로, 그는 개인이 성화를 이루어 가는 과정을 간접적인 방법으로 찾으려 노력한 것으로 보인다. 만일 이것이 사실이라면, 융은 자연 종교와 유일신을 믿는 기독교를 동일선상에 놓고 다원종교주의 차원에서 종교성을 연구한 사람이라고 해도 좋을 것이다.[12]

---

[11] C. G. Jung, *The Archetype & the Collective Unconscious* (London: Routledge & Kegun Paul, 1975), 190.

[12] J. Jacobi, *The Way of Individuation* (London: Routledge & Kegun Paul, 1975), 49.

그러나 이런 개성화 과정을 심도 있게 연구하였음에도 불구하고 그는 종교가 요구하는 궁극적인 문제에 도달하지 못했다. 생물학적인 입장에서 인격 형성에 지대한 영향을 주는 인격을 기독교적인 입장과 일치하지 않는 방법으로 접근하였기 때문이다. 그의 인간 이해는 발달 과정에서의 목적성을 강조한 것이다.[13] 그러나 그가 무의식을 중시하였다면, 그것이 의식 세계에서 어떻게 종교와 만나고 개인적인 무의식이 상승 작용을 일으키면서 종교성을 형성하는지에 대해 분명한 근거를 제시했어야 한다. 불행하게도 그는 개인적인 억압이나 자기 실현의 방편인 무의식의 작용이 미해결된 문제, 즉 종교성과 밀접한 관계가 있는 의식적 세계를 정통하게 접근하지 못하고 피해갔다는 면에서 컴플렉스 분석을 시도한 학자로 남게 되었다.[14]

다음으로, 융이 이해한 집단적인 무의식은 컴플렉스 분석에 따라 다르게 보일 수 있으나 그는 환경에 따른 결정이론에서 벗어나 진화와 전통에 근거한 것으로 이해하여 집합 심리학의 근거를 남겼다.[15] 즉 그는 호메이(Homey), 프롬(Fromm), 그리고 설리번(Sullivan)과 같이 인간 행동이 사회적, 문화적, 그리고 인간 상호 작용에 따른 결과로 결정된다고 함으로써 생물학적인 관계론, 또는 조건적 환경에 근거한 관계론에 초점을 두었다. 그러나 문제는 이런 과정에서 어떻게 인간관계가 인격적으로 형성되는지에 대해서는 본능적인 입장만 제시하는 선에서 멈추고 창의적이고 발전적인 면에서의 인격 형성의 가치에는 거의 접근하지 못했다는 점이다.

---

13 김병원, op. cit., 184.
14 Gerald Corey, 「상담자 심리요법의 이론과 실제」 한기태 역, (서울: 성광문화사, 1985), 39.
15 유형심, 「목회심리학」 (서울: 한국기독교문학연구소출판부, 1981), 61.

특히 그는 인격체, 즉 페르소나가 어떻게 사회적 상황과 사회 인습에 따라 인격체로 형성되는지에 대해 전혀 언급하지 않았으며, 이를 그림자나 자기(Self)로 묘사한 것은 인격체를 과소평가한 방식이라는 단점을 지닌다. 융의 분석심리학이 정신이라는 것에 초점을 두는 경우, 무의식을 포함한 의식적이고도 인격적인 존재로서의 인간의 심리를 바르게 정립하여야 한다는 면에서 생물학이나 생리학적인 접근은 무리가 될 수밖에 없다.[16]

3) 오토 랭크(Otto Rank)의 인간 이해

오토 랭크(Otto Rank, 1884-1939)는 프로이트의 제자 중 한 사람으로 스승의 이론을 발전시켜 후에 『출생의 공포(Trauma of Birthy)』라는 책을 통해 자신의 이론을 전개해 나갔다. 그에 의하면, 사람은 모친과 융합하려는 욕구를 태어난 후에도 무의식적으로 가지고 있다가 그것이 해결되지 않으면 신경증이나 정신병을 일으킬 수 있다는 것이다.

이와 같은 욕구를 극복하고 해결하는 방법으로는 의지 요법(Will Therapy)이 필요하며 이것은 의미 개념(Will Concept), 즉 기본적인 충돌을 창의적으로 조절하고 상승시켜 자아를 능동적으로 조절하는 것을 의미한다. 랭크가 주장하는 인간 이해는 무의식의 존재를 일깨우는 동시에 무의식을 지속적으로 관리하는 방법을 제시함으로 인간의 욕구를 상승, 발전시키려는 의도가 있는 것으로 볼 수 있다. 그는 인간에게 있는 욕구와 무의식과의 관계를 정상적으로 유지시키려는 의도로 의지 요법이란 방법을 제시한 것이다. 이는 인간 자신이 자체 개성을 살리기

---

16 김병원, op. cit., 190.

위한 노력으로 욕구 충족에 초점을 두고 연구한 결과이다.

랭크는 인간 이해를 위해 인간을 총 세 종류의 사람으로 분류하였는데, '범인(Average Person)', '신경증의 인간(Neurotic Person)', 그리고 '창의적인 인간(Creative Person)'이다.[17] 첫째, 범인에 해당되는 사람은 자신의 의지를 포기하고 집단에 수용된 삶을 살면서 창의적인 기회를 얻지 못하는 사람이다. 둘째, 신경증의 인간은 단체의 의지에 순응하지 않으면서 자신의 의지도 자유롭게 활용하지 못해서 내외적인 문제로 갈등하며 괴로워하는 사람이다. 마지막으로 창의적인 사람은 자신의 이상과 삶의 목표에 맞추어 내적 기준과 외적 여건을 수용하면서 창의적인 것을 산출해 내는 사람이다. 랭크에 의하면, 많은 사람이 창의적인 사람으로 살아가기 원하지만 실상은 개인의 성격 차이로 인하여 범인이나 신경증의 사람으로 살아간다.

우리가 랭크의 이론을 그대로 수용하는 경우, 어느 정도 설득력이 있는 것으로 이해할 수는 있다. 그러나 무엇이 범인이나 신경증의 사람 또는 창의적인 사람으로 만들어내는지를 정확하게 설명하지 못하고 있다는 문제가 있다. 사람에게는 개인적인 인격(Personality)이 있으며, 그것에 의해 주위 환경과 떠오르는 생각이 조화를 이룬 결과로 삶의 패턴이 달라진다. 그러나 이는 검증된 것은 아니라 다만 보편적인 일반인들의 생각을 정리한 것에 불과하기에 심도 있는 검증이 지속해서 요구되고 있다.

---

17 Ibid., 218.

4) 해리 설리번(Harry Stack Sullivan)의 인간 이해

해리 설리번(Harry S. Sullivan, 1892-1949)은 미국 정신분석학자로 정신의학과 대인관계 의학에 지대한 공헌을 한 사람이다. 그는 정신의학자, 정신분석학자이자 신프로이트의 대표적인 인물로 알려져 있다.[18] 그의 대인관계론의 의하면, 사회적 환경과 인간의 심리적 변화 사이에는 밀접한 관계가 있으며, 이 둘은 서로 영향력을 미치면서 대인관계에 지대한 상승 작용을 일으킨다고 한다. 그의 이론을 옹호하는 입장에서는, 인간은 대인관계에서 인격 형성과 자존감, 그리고 자기 욕구를 성취하는 데 자신이 가진 에너지의 거의 대부분을 활용해야 한다는 해석이 가능하다.

설리번이 주장하는 자아 체제는 안정성을 위한 것이다. 자신의 안정성을 위협하는 것이 있으면 자기를 방어하려는 의지가 강하게 발동하면서 권력이나 힘을 동원해 방어하는 기능을 취한다는 것이 설리번이 이야기하는 자아 체제이다. 이는 대인관계에서 종종 나타나는데, 인간 발달의 인지 과정에서 이런 유형의 기능이 자주 나타난다고 한다. 설리번에 의하면, 인간이 자아 형성을 경험하는 과정을 세 가지 유형으로 구분할 수 있는데, '원형(Prototaxic Mode)', '병형(Parataxic Mode)' 그리고 '전형(Syntaxic Mode)'이다.[19]

첫째, '원형'은 생애 초기부터 특징이 나타나는데, 이는 시간과 공간의 구별 없이 다른 두 유형(병형과 전형)에 대한 필수적인 조건이며 모형이 된다. 둘째, '병형'은 어떤 논리나 철학적인 조건 없이 경험의 과정을

---

18 Ibid., 222.
19 Ibid., 223.

거치면서 미세하게 분리되는 것이 특징이며, 이는 유아기에 나타난다. 따라서 이 시기의 어린아이 대부분은 주위에서 발생하는 것을 무비판적으로 수용하면서 비현실적인 반응을 보인다. 마지막으로 '전형'은 대인관계에서 얻어지는 언어적 특징이며, 언어적 성격의 상징적 활동으로 묘사된다. 이는 자신의 생각이나 감정에 근거하여 타인과의 관계에서 점진적으로 발전하며 자아 성격의 민감도와 타인의 태도에 대한 반응에 대처하는 것이다.

5) 빅터 프랭클(Viktor E. Frankl)의 인간 이해

실존주의 철학의 영향을 받은 빅터 프랭클(Viktor E. Frankl, 1905-1997)은 전인적인 차원에서 인간을 이해하고자 하였다.[20] 그는 인간을 육체적(Somatic), 심리적(Psychic) 그리고 정신적(Spiritual) 등의 세 분야로 분류하여 이해하려고 하였는데, 이는 영역별로 구분하여 차등을 보이는 분류이다. 이러한 인간 이해는 종교적인 것보다는 심리적인 면에 초점을 두는 것이 하나의 특징이다.[21] 그가 인간 이해의 초점을 심리적인 면에 둔 것은 프로이트나 융이 강조하는 육체적, 심리적 차원이 중요하다고 생각하여 비판 없이 수용했기 때문이다. 그 결과 프랭클의 인간 이해는 심리적인 측면으로의 접근으로 제한된다.

---

[20] General Corey, op. cit., 203.
[21] Victor E. Frankl, 「심리요법과 현대인」 이봉우 역, (서울: 분도출판사, 1980), 245.

프랭클에 의하면, 인간 이해는 육체적인 면보다는 정신적인 차원에서 접근하는 것이 우선되어야 한다. 그 이유는 인간이 동물과는 현저한 차이를 보이는 것이 정신적인 것 때문이며, 이를 통하여 인간은 자기 속에 있는 자기 초월의 능력을 발견할 수 있기 때문이다.[22] 그러므로 인간은 자기 초월을 추구하는 존재이기도 하다. 인간은 세계를 향해 나아가는 과정에서 당위성을 가지고 스스로를 초월한다. 이것이 사실이라면, 인간은 자기 초월을 통해 인간의 영역으로 들어가는 것이 된다. 즉 인간 초월은 인간 됨을 의미하며, 자기를 인식하고 책임 의식을 가진다는 말이다.[23] 그러나 프랭클의 이론은 인간의 자기 초월 과정을 통해 자신의 무엇을 의식하며 어떤 것을 책임지는지에 대해서는 자세히 말한 바가 없다는 한계점을 가지고 있다. 인간의 정신적 구조상 어떤 일을 추구하거나 진행하는 과정에서 문제가 생겨 중단하거나 실패하게 되면 대부분은 좌절과 절망 속에서 자기 조절을 추구하기에, 프랭클의 인간 초월 이론은 보완되어야 할 필요성이 있다.

프랭클의 심리 요법, 즉 '로고테라피 방법(Method of Logotherapy)'에 의하면, 환자는 스스로 자기 몸을 수행하면서 병을 극복해야 한다. 환자 스스로 로고테라피의 전 과정이 주는 의미를 되새기며 마치 적군과 싸우는 심정으로 대결하여 승리하는 결과가 필요하다. 이는 의미, 정신, 그리고 인간성의 개념을 회복하는 것을 뜻한다. 이러한 방법의 실제 실천 사례에 대해서는 구체적으로 언급된 바가 적으나 그 의미를 정리하면 다음과 같다.

---

22 Victor E. Frankl, 「무의식의 신」 정태현 역, (서울: 분도출판사, 1985), 31.
23 Ibid., 24.

그가 말하는 심리 요법(혹은 로고테라피)은 프로이트와 융이 말하였듯이, 무의식의 개념을 광의적으로 해석하려는 의도가 강하다. 프랭클의 정신적 무의식은 무의식적 종교심을 도출시켜 인간 내부에 있는 초월성과 만남을 주선하려는 시도로서의 무의식이다. 이는 내재적인 자아와 초월적인 자아 사이를 하나로 연결하려는 시도이기에, 초월적 무의식이라고 말해도 좋을 것이다.

상기 이론을 정리한다면, 프랭클이 주장하는 무의식의 신은 범신론적인 신이 아니라 하나의 관계성을 가진 신으로 신비주의적이 아니라 신비한 것을 벗어난 신이며, 인간 이해에 도움을 줄 수 있는 것으로 이해된다. 그가 말하는 무의식의 신이 기독교에서 말하는 영적 차원에서의 신과 어떤 관계가 있는지 분명한 차이점이 명시된 바는 없다. 하지만 분명한 것은 인격적인 신이 아니라는 점이며, 동시에 영적인 면에서 조금이라도 접근성이 있다는 가능성을 열어 놓았다고 할 수 있다. 그러나 만약 무의식의 신이 비기독교적인 의미에서의 이성(Noetic)과 같은 수준이라면 전인격적인 존재로서의 인간 이해는 거의 불가능할 것이다.

6) 에드먼드 윌리엄슨(Edmund Griffith Williamson)의 인간 이해

에드먼드 윌리엄슨(Edmund G. Williamson, 1900-1979)은 미네소타 대학교의 교수로 이성적이며 지시적 상담의 창시자로 알려진 인물이다. 그는 복잡하고 현실성이 결여된 상담 분야의 제반 문제들을 합리적인 면에서 실존적인 방법, 즉 효과적인 방법으로 접근할 수 있도록 제시하고 사고보다는 행동성에 더 관심을 두고 그 분야를 연구하였다.

그는 '문제가 있는 곳에는 해결점도 반드시 있다'는 전제하에서 문제 중심 상담(Problem-centered Counseling)을 고안한다. 그의 방법은 상담 과정에서 유용하게 활용할 수 있는 논리적이며 지적인 도구로 내담자에게 접근할 수 있는 장점이 있다. 또한 이 방법은 경험적이며 실용 가능해서,[24] 일반 상담이나 부부 위기를 상담할 때 참고할 만한 가치가 충분하다.

월리엄슨이 이와 같은 이성적이며 지시적인 상담 방법을 강조하는 이유 중의 하나는 내담자 스스로가 수행해야 할 일이 있음을 인식하고, 자신의 문제를 스스로 들여다보고 그것을 해결할 수 있는 방법을 찾게 하기 위해서이다. 그 이유는 내담자 대부분은 스스로 풀 수 있는 문제 조차 타인에게 의존하려는 타성이 있으므로 그런 타성을 극복해 자력으로 치유를 위한 새로운 시도를 전개함으로 문제를 보다 쉽게 해결할 수 있다고 보았기 때문이다.

월리엄슨이 주장하는 상담 방법은 몇 가지로 요약할 수 있다. 이런 일련의 방법들은 한 개인이 타인과의 접촉을 통해 얻어지는 것이지만 내담자 자신이 내부적으로 수용하려는 의지 없이는 거의 불가능하다는 면에서 내담자 중심으로 흘러간다는 점이 특징적이다. 그가 상담의 과정에서 주장하려고 하는 것은 '하나의 과정'을 중시하는 일이다.[25] 상담이란 과정을 통해 단계적으로 상담이 발전되는 것임을 월리엄슨은 강조한다. 그의 인간 이해는 상담을 통해 인격적인 관계를 형성하면서 발전하는 관계, 그리고 내담자 중심의 상담을 통해 서로 신뢰감을 쌓아가는 관계로서의 인간 이해라고 할 수 있다. 그가 중시하는 것은

---

24 김병원, op. cit., p. 229.
25 Edmund G. Williamson, *Counseling and Discipline* (Herzberg Press, 2011), p. 234.

집단이나 단체보다는 개인이며, 그 개인은 인격체로서 상담가를 통해
자신을 발견하고 발전시키는 존재로서의 인간이다. 각 개인은 자신을
이해하고 발전시키기 위해 적어도 상담이라는 대화 채널을 통해 인격체
간의 상호 작용을 통한 인간 이해라는 기본 명제를 이뤄야 한다.

윌리엄슨의 이론에서 정리하고 넘어가야 할 것은 그가 추구하는 인간
이해는 집단 작업보다는 개별 상담을 추구하는 것, 경험자의 진단과
충언 및 상담 기술을 보완하는 것, 집단 상담 시에는 보완적인 방법을
수정하는 것, 그리고 임상적인 상담은 신중하게 진행하라는 것 등이다.
이런 방법들을 부부 위기를 맞은 사람들에게 적절하게 활용할 경우
적지 않은 도움이 될 수 있다는 점에서 그 활용과 융합 발전 가능성이
크다. 그러나 모든 사람을 대상으로 일반화하거나 집단적인 부분에서
실천하기에는 큰 제한점이 있다는 면에서 이를 보완할 방법이 개발되
어야 할 것이다.

7) 칼 로저스(Carl Rogers)의 인간 이해

칼 로저스(Carl Rogers, 1902-1987)는 자신이 '내담자 중심 치료(Client
Centered Therapy)'라고 불렀던 인본주의 기법을 개발하였는데, 이 치료
법은 내담자의 의식적 자기지각에 초점을 맞추며 상담 분야에서 널리
사용되고 있다. 이러한 치료에서는 상담가가 판단과 해석을 하지 않고
내담자의 말을 듣기만 하며, 내담자가 상담가의 개입으로 인해 특정
통찰을 얻도록 이끌어가는 것을 자제한다. 대부분의 인간이 성장에
필요한 자원을 이미 지녔다고 믿은 로저스는 치료자들에게 진실성
(Genuineness), 수용성(Acceptance), 그리고 공감(Empathy)을 나타낼 것을

권유한다. 치료자가 자신의 허울을 벗어 던지고 자신의 감정을 진실하게 표현할 때, 내담자를 아무 조건 없이 받아들이고 있다고 느끼도록 만들 수 있을 때, 그리고 내담자의 감정에 공감할 때 내담자는 자기이해와 자기수용을 심화시키게 된다.[26]

로저스의 적극적 듣기(Active Listening) 기법이란 언어적으로든 비언어적으로든 상대방이 표현하는 것을 따라 해보고, 다시 표현하며, 또다시 분명하게 확인하고, 그 표현한 감정을 인정하는 것을 일컫는다. 오늘날 적극적 듣기는 많은 학교와 클리닉에서 치료적 상담의 한 부분으로 받아들이고 있다. 상담가는 주의 깊게 듣고 내담자의 감정을 다시 언급하고 확인할 때, 내담자가 표현하는 것을 받아들일 때 또는 분명하게 확인하고자 할 때만 말을 중단시키게 된다.

로저스는 완벽하게 비지시적일 수는 없다는 것을 인정하면서도 상담가가 할 수 있는 최선의 일은 내담자를 이해하고 받아들이는 것이라고 믿는다. 무조건적으로 긍정적인 존중(Unconditional Positive Regard)을 제공하거나 비판단적인 수용이 가득한 환경을 제공하면, 사람은 자신이 지닌 최악의 특질(개인을 다른 사람들과 구별해 주는 일관적인 심리적 경향성) 조차도 수용할 수 있는 능력이 생기며, 스스로의 특질에 대해 가치있고 온전한 느낌을 가지게 된다고 말한다.[27]

---

26 Clara E. Hill, Emillie Y. Nakayama, *"Client-centered therapy: Where has it been and where is it going? A comment on Hathaway,"* Clinical Psychology: Science and Practice, 09(June 2000).

27 David G. Myers, C. Nathan DeWall, 「마이어스의 심리학개론」 신현정 역, (서울: 시그마프레스 2016), 413.

이렇듯 인본주의 치료는 사람들 속에 내재하는 자기완성의 잠재력을 강조한다. 인본주의 치료는 환자들에게 새로운 관점을 제공함으로써 성장을 방해하고 있는 심리적인 갈등을 해소시키려는 시도이다. 그래서 인본주의 치료자는 스스로의 자각과 자기수용을 통해서 사람이 성숙할 수 있도록 도움을 주고, 이를 통해 내담자들의 회복을 촉진시키고자 하는 목표를 갖는다. 이들의 치료 초점은 내담자의 병을 치료하는 것으로 이해하는 것이 아니라, 내담자의 성숙을 도모하는 것이다. 따라서 상담 치료를 받는 대상을 '환자'로 바라보는 것이 아니라 '내담자'이거나 그저 하나의 특수한 존재인 '인간'으로 바라보는 것이다.

또한, 이들은 사람이 성숙하도록 나아가는 길은 내면에 숨어 있는 특정 요인들을 밝혀내는 것보다는 자신의 행위와 감정에 대해 즉시 책임을 지는 태도가 필요하다고 강조한다. 그렇기 때문에 의식적 사고가 무의식보다 더 중요하다고 믿는다. 이들에게는 과거보다 현재와 미래가 중요하다. 현재 감정에 대한 어린 시절의 연결고리에 대한 통찰을 얻는 것보다는 지금 일어나는 대상의 감정 자체를 탐험하는 것이 인본주의 치료의 목표인 것이다.

이상에서 고찰한 여러 명의 심리학자들의 인간 이해는 성서가 말하는 인간 이해와 상이점이 적지 않다는 것을 발견할 수 있다. 그러므로 위기를 보다 근본적으로 이해하고 성서적 인간 원리에 접근하기 위해 성서로부터 가르침을 받는 것은 중요하다.

2. 성경적 인간 이해

성경적 인간 이해는 성경적 상담가에게 가장 중요한 일이다. 성경에 의하면, 하나님이 인간을 창조할 때 자신의 형상을 따라 남자와 여자로 만드셨다(창 1:26-27). 하나님은 아담에게서 갈빗대를 취하여 여자를 만드시고, 그녀를 남자에게로 이끌어 오심으로 만남을 이루어 한 가정이 되게 하셨다. 하나님은 그들에게 생육하고 번성하여 땅에 충만하고 땅을 정복할 것을 명하셨다. 이런 창조 목적에 따라 남자와 여자는 결합하여 부부로서의 삶을 시작하게 된다. 그러나 최초의 남자와 최초의 여자는 하나님의 명령을 거역하고 범죄를 저질러 하나님의 곁을 떠나게 된다. 그 결과, 그들은 기쁨을 의미하는 에덴동산에서 쫓겨나서 저주받은 땅으로 나아갔고, 그곳에서 가정을 이루고 자녀들을 생산하는 일을 수행하게 되었다.

이런 안타까운 인류 역사 가운데 하나님이 자신의 아들을 구원자(메시아, Messiah)로 세상에 보내어 그를 주인(Master)과 구원자(Savior)로 믿으면, 누구든 영원한 삶을 살게 하겠다고 약속하셨다. 이러한 약속의 성취를 위해 예수는 육신을 입고 세상에 와서 최초 인간이 범한 죄와 그의 후손들에게 전가되는 죄의 문제를 해결할 자가 된다. 즉 새로운 인류의 대표 자격으로 세상에 와서 대속의 죽음을 통해 믿는 자들에게 하나님의 자녀가 되는 권세를 부여했다(요 1:12). 이런 일련의 인간 창조 과정과 대속의 역사는 우리가 성서를 통해 인간을 이해하는 데에 기본적인 지식이자 핵심적인 인간 이해가 된다.

앞의 성서적 주장과 같이, 인간 창조가 하나님의 형상(Image of God)에 의해 만들어졌다고 믿는다면, 창조자의 창조 목적에 따라 관계를 이루고 온전한 관계 속에서 생활해야 하는 것은 당연한 일이다. 그럼에도 하나님의 뜻과는 다르게 인간관계에서 신뢰를 깨뜨리고, 균형을 잃어버린 가운데 갈등과 부적응 등의 문제로 모든 인류가 관계의 위기를 맞고 있다. 진정으로 하나님이 바라는 관계의 주인공들은 위기 일로를 달리면서 더 이상 정상적인 온전함을 유지하기에는 한계가 있다는 것을 보여주었다. 이는 성서적인 관계, 즉 하나님이 자신의 형상대로 창조하고 임무를 부여한 것을 인류가 망각한 삶의 결과라고 볼 수 있다.[28]

1) 죄인으로서의 인간 이해

성서적 인간 이해는 죄인이란 과제로부터 시작된다. 죄인이란 근거는 인간을 창조한 하나님의 정죄로부터 나온다(창 5:1-2; 3:16-17). 인간의 시작은 하나님으로부터 되었으나 죄로 인하여 그와 단절되었고, 언약 파괴라는 죄명과 함께 타락의 길을 걷게 된다. 그 결과, 인간은 죽어야 하는 존재로, 그리고 하나님의 도움이 없이는 영원한 형벌 아래로 떨어질 수 밖에 없는 존재로 타락한다. 타락한 인류에게 유일한 가능성이 하나 있다면, 그것은 구원자를 기대하는 길이다.[29] 현대의 역사적 맥락에서 세속 심리학은 구원을 요구하는 복잡한 시나리오 중 하나로 등장한다. '심리학'이라는 용어는 세속적인 틀 내에서 운영되는 다양한

---

28 창 1:28, "하나님이 그들에게 복을 주시며 하나님이 그들에게 이르시되 생육하고 번성하여 땅에 충만하라, 땅을 정복하라, 바다의 물고기와 하늘의 새와 땅에 움직이는 모든 생물을 다스리라 하시니라."

29 요 14:6, "예수께서 이르시되 내가 곧 길이요 진리요 생명이니 나로 말미암지 않고는 아버지께로 올 자가 없느니라."

연구 및 실천 분야를 포괄한다. '영성'을 주제로 탐구하는 데는 어느 정도 관용이 있을 수 있지만, 세속적인 규칙이 게임을 지배하는 것이다. 심리적 노력은 인간에 관한 진실을 밝히고, 이러한 진실을 정확하게 해석하며, 개인이 진정한 구원을 찾도록 돕는 것을 목표로 한다. 그러나 이러한 노력은 현시대에 만연한 죄의 현실과 그리스도를 통해 제공되어 내담자를 변화시키는 은혜를 종종 무시하고 만다. 그리하여 심리학의 세속적 성격은 처음에는 기독교 신앙을 위협하는 것처럼 보일 수 있지만, 자세히 살펴보면 위협보다는 학문으로서의 취약성을 드러낸다. 세속적인 심리학 모델은 종종 이 중요한 현실을 포착하지 못하여 내담자가 처한 상황의 사각지대, 치명적인 결함 및 내부 모순을 초래한다.

2) 타락 이전의 인간 이해

최초 인간이라고 부르는 아담에게는 무죄의 시대가 있었다. 성서는 그가 하나님에 의해 흙으로 만들어진 존재이며, 연약한 존재라고 하였다. 인간이 흙으로 지어졌다는 것은 형상과 모양으로 독특하게 지어지고 하나님과 깊은 관계가 있는 것으로 묘사되었다. 여기에 하나님과 인간, 인간과 인간, 그리고 인간과 자연과의 관계가 있음을 밝힌다(창 1:31).

타락 이전의 인간은 하나님과의 관계에서 인격적인 만족을 보여주며 행복하게 살아간다. 그리고 대인관계에서는 최초로 남녀가 만나 사랑으로 가정을 이루며 자녀를 생산하고 자연을 관리하며 다복하게 살았다(창 2:22-23). 이와 같이 성서를 통해 드러나는 타락 이전의 인간과

하나님의 관계는 인간의 인권과 이상을 높이는 삶을 추구하고 하나님과
신앙 안에서 안정적인 관계가 정립된 정상적인 관계였다.

3) 타락 이후의 인간 이해

성서에 의하면, 인간은 타락 이전과 이후에 크게 변화했다. 인간은
하나님의 본래적인 형상에서 타락 후에 그 모양이 변하고 아름다움,
의로움, 거룩함이 송두리째 망가진 존재로 추락하였다. 계속해서 성서는
인격이 파괴될 뿐만 아니라 윤리적인 관계가 부패하여 각종 죄성에
의한 추함이 드러나고 있음을 보여준다(롬 5:8). 성서 여러 곳에서는
이런 인간의 추함을 있는 그대로 묘사하고 있으며, 대표적인 표현은
"하나님으로부터 이탈된 사람"이다(롬 5:19; 롬 7:13; 갈 2:17). 이것은
하나님의 사랑에서 이탈되어 타락의 길에 들어선 인간은 '하나님으로
부터 분리된 자', 즉 정해진 언약에 따라 형벌을 받아야 할 사람으로서
이들은 죽음(잠 11:31), 죄의 보응(잠 13:21), 소멸될 자(시 104:35)로 정죄된
존재이다. 그러나 이들에게 메시아를 기대하는 것이 유일한 희망임을
인식하고 그를 기다리고 스스로 추함을 벗어나고자 노력하는 것이
유일한 방법임을 강조한다(행 4:12).

성서에 의하면, 인간은 스스로 구원이 불가능하며, 자신의 노력
으로는 결코 구원받을 수 없다. 그러나 구원자가 죗값을 대신하는 경우,
그에게 죄가 전가되고 죄와 죄의 결과에서 벗어나 영원한 생명을 얻을
수 있다. 계속해서 성서는 인간의 죄를 대신할 자가 예수라고 구체적
으로 말하면서, 그는 하나님이지만 인간의 육신을 입고 세상에 왔다고
말한다(빌 2:5-11). 이 같은 대속은 예수를 구원자로 믿는 자에게만

한정되며 그것을 확보하는 것이 신앙인 것이다.

조직신학 분야에서는 인간이 구원받는 과정을 성서에 근거하여 열거하고 있으나, 이는 교단이나 신학자들의 사상에 따라 약간의 차이가 있으니 이를 참고할 필요가 있다.

4) 피조물로서의 인간 이해

피조물로서 인간들은 하나님이 그의 창조물들을 사랑하며, 그들의 생명을 번성하게 한다고 믿는다. 어떠한 피조물도 하나님의 눈에 무가치한 존재로 보이지 않는다. 모든 피조물은 그들만의 존엄성을 지니고 그들만의 권리를 가진다. 왜냐하면 그들은 모두 하나님의 계약 안으로 통합되었기 때문이다. 이러한 맥락에서 노아의 계약, 즉 "내가 내 언약을 너희와 너희 후손과 너희와 함께한 모든 생물에게 세우리니"(창 9:9-10)라고 말한다. 창조주 하나님 앞에서 우리와 우리의 자손들과 모든 살아 있는 생물은 하나님의 계약의 동등한 파트너들이다. 그러므로 자연은 우리의 소유물이 아니다. 모든 생물은 그들 나름의 방법으로 하나님과 계약한 동료들이다. 모든 생물은 인간에게서 하나님의 계약의 파트너이며, 동료로서 존중받아야 한다. 즉 땅은 살아 있는 생물들을 생산하는 자이며, 인간은 이 땅 위에서 하나님의 형상이다. 누구든지 땅을 훼손하는 사람은 하나님을 훼손하는 것이 된다. 또한 동물의 존엄성을 훼손하는 사람은 하나님을 훼손하는 것이 된다.[30]

---

30 Jürgen Moltmann, 「세계 속에 있는 하나님」 곽미숙 역, (동연, 2009), 160-161.

5) 사회제도와 관련된 성장

성서에 의하면, 세상의 조직사회는 하나님에 의해 준비된 것이다 (창 9:5-6). 그중에서도 인간의 대형 조직인 정부는 하나님이 인간의 생명과 재산을 보호하기 위해 세운 것으로 이해한다. 사람들이 정부라는 조직을 위해 많은 의무 사항을 준수해야 하는 것은 정부가 인간 생명과 재산을 보호해 주기 때문이다. 이런 단체 속에서 인간들은 인격적인 공동체를 유지하며 인격자 상호 간에 성장을 목표로 살아간다. 그러나 이것이 잘 되기 위해서는 정치적, 경제적, 종교적 관계가 원만하게 이뤄져야 함에도 불구하고 조직사회에서는 정치적, 경제적 관계만을 중시하고 핵심이 되는 종교적 관계에는 무관심한데 이는 핵심을 버린 조직사회의 성장 모델이라고 말할 수 있다. 성서에 의하면, 조직사회에서의 핵심은 하나님과 인간의 관계이며, 이 관계가 바르게 정립되어야 온전한 성장 모델이라고 할 수 있다(전 1:12-14).

3. 하워드 클라인벨(Howard J. Clinebell): 성경적 인간 이해로의 심리학적 접근

1) 타락 이전의 인간

심리학에서 보는 인간 이해는 성서가 보는 인간 이해와는 큰 차이가 있다. 프로이트를 비롯한 여러 심리학자들은 인간을 비인격적인 존재로, 또는 무신론적인 입장에서의 진화되어 온 존재로서 건재하다고 이야기한다. 그러나 그들이 추구하는 존재로서의 인간은 심리적인 방법으로 인간을 이해하고 접근하기에는 너무나 공간 개념이 없다. 그 이유는 그들에게는 성서가 말하는 하나님의 말씀을 수용하는 공간 개념이 전혀 없기 때문일 것으로 생각된다. 다양한 심리학자들의 인간 이해는 인간을 인격적인 존재로 대하기에는 너무나 큰 한계가 있다. 그럼에도 인간을 심리학에서 심도 있게 취급하는 것은 가설에 근거한 접근을 넘어서기 어렵다고 할 수 있다.

2) 온전한 사람으로서의 인간 이해

일반적으로 온전한 사람(The Whole Person)이라고 하면, 지·정·의를 모두 갖춘 사람이라고 할 수 있다. 클라인벨에 의하면 온전한 사람은 영성(Spirituality)을 중심으로 한 전인 건강(Wholeness)을 갖춘 사람으로서[31], 이런 사람은 목회적 사역과 상담이라는 과정을 거치면서 몸과 정신과 영혼의 상태가 건강하고 온전한 기능을 발휘할 수 있게 된다. 클라인벨의 초기 사상은 신프로이트적, 설리번(Sullivan)적 심리학 입장을 취하였으나 중기에는 병리학적 접근을 시도하였고, 후기에 와서는 자아심리학적 방법을 도입하면서 성장과 회심 관점에서 정리하면서 성장과 성숙을 겸하여 본 것으로 생각된다. 상기 이론을 정리하면 그의 사상은 신프로이트 학파와 실존주의적 인본주의 학파 등 여러 가지 심리학의 영향을 받은 것이 확실하다.

여기에서 문제가 되는 것은 그가 여러 학설을 수용하여 정리한 이론이 과연 학문적인 성과를 넘어서서 사람이 온전한 사람으로 성장

---

31 Howard J. Clinebell, 「목회상담신론」 박근원 역, (서울: 대한예수교장로회총회출판부, 1987), 21.

하고 성숙하는 데에 얼마나 도움이 될 수 있는가이다. 여기에 대한 확실한 검증이 없다는 것이 간과할 수 없는 문제로 남는다.

다른 입장에서 보면, 클라인벨의 사상은 에이브러햄 매슬로(Abraham H. Maslow)의 성장 철학에 기인한 감이 있다. 즉 그는 '인간 잠재력 개발의 접근 방법(A Human Potentials Approach)'을 통해 프로이트 학파가 사용하는 병리적인 모델에 반한 온전한 모델을 추구하는 방법을 취한 것으로 이해된다.[32] 만일 이것이 사실이라면, 그는 성장이라는 것에 초점을 두고 연구한 것으로 보아도 타당할 것이다.

(1) 내적 성장을 위한 처음 단계

내적 성장을 위한 처음 단계는 지적인 면과 심리적인 면에서 성장을 추구하는 영역이 필요하다. 즉 이 단계는 인간이 지닌 '인적 자원(Personality Resources)'을 개발하는 것을 포함한다. 이는 창의성, 통찰력, 자아의식, 그리고 예술적인 지평을 넓히는 것 등이다. 심리학에서는 이 부분을 기본적인 단계로 보지만, 성서적인 면에서는 이 부분을 신앙을 세워 나가는 단계로 본다.

(2) 내적 성장을 위한 다음 단계

클라인벨에 의하면, 내적 성장을 위한 다음 단계는 영적 생활을 활성화시키는 단계이다. 이는 인간의 몸을 위해 건강을 보강하고 즐거운 마음으로 생활을 활성화하듯이, 또한 정통적인 심리 요법이나

---

[32] Ibid., 57.

인체 요법이 요구되듯이, 인격적인 구성요소에 의미 있는 것을 부가하는 차원이다. 그러나 바울에 의하면, 그 단계는 성령의 인도하심에 따른 믿음의 단계에서 성화에 이르는 단계를 말하는 것으로, 이는 로마서에서 심도 있게 다루고 있는 부분이다(롬 3:21-31).

(3) 인간관계 개선

심리학에서는 인간관계가 중요함을 강조하면서 정신과 인체 성장을 위해 인격적 사이에 온전한 교제가 필요함을 말한다. 이를 위해서 클라인벨은 올바른 관계 형성을 위해 개인의 개성을 존중하면서 인격에 손상이 발생하지 않도록 할 필요가 있음을 강조한다. 이는 인간관계 개선을 요구하는 말로, 클라인벨은 이를 통해 손상된 인격을 회복하고 성장 과정에서 나타나기 쉬운 상처를 치유한다는 당위성을 인식하고 있음을 볼 수 있다. 그러나 근본적인 인간관계를 위해 무엇이 필요하고, 어떻게 그것을 해결할 수 있는가를 상담 이외의 방법을 통해 제시하지 못한다는 것이 한계점으로 남는다. 이를 보완하기 위해 성서가 말하는 인간관계를 참고하여 올바른 인격 형성의 문제점을 지적하고 다양한 관계성에 필요한 것을 제시하는 것이 요구된다.

(4) 생물 세계와 관련된 것들의 성장

일반적으로 생물계는 '생태학적 접근(Ecological Approach)'에 초점을 둔다. 이 분야에서는 인식과 관심이라는 채널을 이용하여 자연물에 대해 잘못된 인식을 정리하고 새로운 정보를 통해 인간관계와의 관련성을 찾고자 한다. 생태학적 접근에 근거하면, 인간과 다른 생물들의 관계는 의존적인 관계이다. 즉 인간은 대자연과의 관계에서 성장적 관계를 맺으며 발전과 학대를 추구하는데 이것이 인간에게 육체적으로, 정신적으로, 영적으로 도움이 된다. 그러나 좀 더 구체적으로 말하면, 그것이 어떻게 인간관계에 영적인 도움을 주며, 어떻게 해야 구체적으로 접근할 수 있지를 찾는 것은 불가능하다. 가설에 근거하여 설정한 이론이라 해도 생태학적 접근에서는 그것을 검증할 수 있는 방법이나 대안이 없으면 하나의 가설로 인정받는 데 한계성이 있다. 이런 분야는 성서적인 입장에서 접근하면 더 용이하게 다가갈 수 있을 것이다 (시 19:1-3).

(5) 인간의 영적 성장

클라인벨에 의하면 인간의 영적 성장을 위해서는 여러 가지 성장 채널이 있다고 하는데, 그것은 인격의 완성 과정으로서 유기적 관계성을 말한다. 성서에 근거한 그의 이론에 따르면, 인간의 영적 성장은 현실적인 소망, 의미들, 가치들, 내적 자유, 신앙 체계, 절정의 경험들, 그리고 하나님과의 관계성 등과 깊은 관련이 있다. 그가 주장하는 것들은 유기적인 면에서 일관성을 가지는 것으로 이해할 때 가능성을 볼 수 있는 부분이 있으나 다만 인위적인 방법으로 결합된 인간 이해를 모색한다는 면에서 인간의 내적 부분이 한편으로 치우친 느낌을 준다.

성서가 말하는 인간 이해는 어느 한 편으로 치우치는 것을 말하지 않는다. 성서는 인간의 기준을 하나님의 피조물에 두고 그것을 중심으로 균형을 유지하려는 것, 즉 하나님과 인간, 인간과 인간, 그리고 인간과 자연이란 채널을 통해 균형을 유지하려 한다는 점에서 클라인벨의 주장과는 차이가 있다. 성서에 의하면, 인간 이해는 영적 성장과 밀접한 관계가 있지만, 성장만이 아닌 성숙과도 밀접한 관계를 추구한다. 따라서 진정한 의미에서 인간 성장은 성숙을 목적으로 한 성장이어야 하고, 그것을 완성하기 위해서는 대신 관계가 먼저 설정되고 그 후에 대인 관계가 설정되어야 한다.

III. 성경적 상담의 이해

성경적 상담이 변화를 가져올 수 있는가? 이것은 많은 내담자와 상담사, 특히 기독교 상담사를 괴롭히는 중요하고 지속적인 질문이다. 성경적 상담과 일반 상담, 즉 심리 상담이 다르다면 무엇이 다른가? 둘 사이에 차이가 있는가? 성경적 상담에 있어서 '성경적'이란 무엇인가? 무엇보다 성경적 상담의 목적을 이해하는 것이 첫 번째 단계일 것이다. 근본적으로 성경적 상담은 예수 그리스도의 복음을 통해 방향 감각을 잃은 개인들을 하나님과 일치시키는 화해의 사역에 관한 것을 의미한다. 궁극적인 목표는 하나님의 영광이며, 이는 개인이 그리스도와의 연합과 교통을 통해 이 영광을 점진적으로 반영할 때 달성된다.

히브리어 성경과 그리스어 성경에서 상담과 관련해 가장 많이 나오는 단어는 '조언'으로 번역될 수 있을 것이다. 오늘날 사람들 대부분은 조언을 제공하는 측면에서 상담을 생각할 가능성이 있지만, 현대의 기술적 정의에는 훨씬 더 많은 것이 포함되어 있다.[33] 아마도 오늘날의 상담 또는 상담사라는 용어에 주어진 다양한 의미로 많은 페이지를 채울 수 있을 것이다. 윌리엄슨(Williamson)과 폴리(Foley)는 "상담은 한 사람이 다른 사람이 그에게 부여한 훈련, 기술 또는 신뢰로 인해 한 사람이 다른 사람의 적응 문제를 직면하고, 인식하고, 명확히 하고, 해결하고, 해결할 수 있도록 돕는 대면 상황이다."[34]라고 말한다. 이처럼 성경적 상담가는 성경적인 관점을 통해 내담자를 돕는다. 렌(Wren)의 상담에 대한 정의는 참가자 관계의 질을 강조한다. 그는 "상담은 두 사람이 서로를 고려하여 상호 정의된 문제에 접근하고 두 사람 중 어리거나 성숙하지 않거나 문제가 많은 사람이 자신의 문제를 스스로 결정할 수 있도록 돕는 개인적이고 역동적인 관계다."[35]라고 말한다. 우리는 특정 분야로서의 상담은 상대적으로 새로운 것이지만, 상담을 사용했던 시간은 인류만큼 오래되었다는 것을 먼저 알아야 한다. 또한 이것은 인류의 역사 가운데 기독교적 세계관을 중심으로 세상에 많은 인본주의적 문화와 학문이 발달하게 된 것과 깊은 관련이 있다. 우리가 성경적 상담에서 성경 인물을 자세하게 연구해야 하는 이유는 그들이 겪는 문제가 현실의 우리가 겪는 문제들과 밀접하게 관계가 있기 때문이다. 인간이 겪는 갈등, 아픔, 상처에는 반드시 사랑과 위로, 격려가 필요하다. 그러므로 성경적 상담이란 죄로 인해 망가진 하나님의 형상을 다시 회복하는 활동이다. 그것이 가능한 이유는 인류의 죄를

---

[33] Horace B. English, Ava C. English, A *Comprehensive Dictionary of Psychological and Psychoanalytical Terms* (New York: David McKay Co., Inc., 1985), 127.

[34] Edmund G. Williamson, *Counseling and Discipline* (Herzberg Press, 2011), 192.

[35] Charles G. Wren, *Student Personnel Work in College* (New York: Ronald Press Co., 1951), 59.

대속했던 예수 그리스도의 상담 방법의 궁극적 목적이 인간을 구원하는 것이기 때문이다.

1. 성경적 상담가의 역할

그렇다면, 성경적 상담가는 무엇을 하는가? 성경에서 말하길, 그들은 들으며(잠 18:13) 사람의 마음의 뜻을 통찰력 있게 이끌어 낸다(잠 20:5). 또한 사람들이 그리스도 안에서 성장하도록 돕기 위해 사랑스럽게 복음 진리를 말하고(엡 4:15-16) 지혜롭게 가르친다(롬 15:14; 골 3:16). 고통받는 사람들을 위로하며(고후 1:3-4) 죄에 빠진 자들을 온유하고 겸손한 방법으로 회복시키고(갈 6:1-2), 그리스도에게서 돌아선 자들을 다시 돌아오게 한다(약 5:19-20). 기독교 상담가들이 모두 인지할지 모르지만, 그리스도인으로서 우리의 세계관은 하나님 말씀의 권위에 근거해야 한다. 이것은 매우 중요한데, 상담의 기술적인 면과 인적인 요소에 집중하게 되면 자연스럽게 기독교 상담가의 정체성을 잃고 본인이 서 있는 상담적 기반을 잃어버리기 쉽기 때문이다. 기독교 상담 보충 서적도 유익할 수 있지만, 성경에는 인간 영혼의 깊은 곳을 꿰뚫는 궁극적인 답이 담겨 있다. 성경은 상담 과정에서 중추적인 역할을 한다. 열매 맺는 삶을 통해 하나님의 영광을 반영하는 것이 목표라면 반드시 그리스도 안에 거해야 한다. 거한다는 것은 성경에 대한 친밀한 지식을 통해 발견되는 그리스도의 명령에 대한 의지와 사랑의 순종을 포함한다. 따라서 성경은 은혜의 주요 수단 역할을 하며 개인이 더욱 예수를 닮도록 인도한다. 성경을 학문적 추구로 취급하는 경향을 극복하려면 상담사가 본문을 알려주는 데에서 그치지 않고 개인적으로 신앙적 영향력을 미칠 수 있어야 한다.

현대에 발달된 인간의 문제를 진단하고 치료하기 위한 방법론은 계속해서 발전되었지만, 그 노력들은 여전히 일시적인 현상을 교정하거나 미봉책에 그치는 한계점을 갖고 있다. 모든 인간에게 '영'과 '혼'과 '육'이 각각 존재하는 것에 대한 전 이해가 없기 때문에, 보이지 않는 '영'적인 측면의 회복을 추구하고 집중할 수 없는 것이다. 상담도 역시 눈에 보이는 사역이 아니기 때문에 이러한 전 이해가 아주 중요하다고 할 수 있다. 예를 들어, 하나님의 질서 안에서 봉사와 같이 보여지는 사역이 '육'적인 측면과 더 나아가 '혼'적인 안정을 공급한다면, 상담과 같이 보이지 않는 사역은 '혼'적인 문제 해결과 '영'적인 회복을 일으키는 것에 적합하다고 이해하면 될 것이다. 인간의 회복에 대해 고차원적으로 접근하기 시작한 지 그리 오래되지 않았기 때문에 상담의 존재가 소외되었던 시간이 인간 역사에서 상대적으로 더 큰 비중을 차지했다. 오늘날 심리학은 생물심리학, 실험심리학, 인지심리학, 발달심리학, 임상심리학, 사회심리학, 산업조직심리학, 다문화심리학으로 발달되었으며 정신역동, 인본주의, 실존주의, 가족 체계, 인지-행동주의, 포스트모던 심리치료 등 수많은 모델들이 발전을 거듭하고 있다. 그러나 앞에서 언급했듯이 교회는 역사적으로 19세기 말에 심리학 분야의 혁명으로 인해 조명되었던 부분들을 재빨리 수용하고 받아들이지 못했었다. 그러나 이후 1970년대에 제이 애덤스(Jay E. Adams)의 영향으로 기독교 세계관에서 올바른 성경적 상담의 길이 열리기 시작했다. 그리고 폴 트립(Paul David Tripp)은 기독교 상담에 관한 아주 중요한 이야기를 시사했다.

고난당하는 사람들을 위로한다는 것은 무엇을 의미하는가?
우리는 어떻게 긍휼한 마음을 가지고 그들 편에 설 것인가?
우리는 종종 그들에게 무슨 말을 해야 할지 확신하지
못한다. 우리는 사랑하는 사람을 잃었거나 돌이킬 수 없는
과거의 경험에 직면하여 고통당하는 사람들을 어떻게
위로해야 할지에 대해 고민한다. 우리는 값싸고 진부한
방법으로 진실을 나누는 것을 원하지는 않는다. 우리가
원하는 것은 내담자가 자신의 고난을 다룰 때 그를 진리
속에 거하게 하는 것이지, 단지 우리가 그 고난의 강도를
이해하고 있음을 그에게 보여주는 것이 아니다. 우리가
원하는 것은 내담자와 함께 나누는 진리들이 고난을
넉넉히 통과하게 할 만큼 견고하다는 것을 그에게
보여주는 것이다. 그리고 무엇보다 우리가 원하는 것은,
내담자가 곤경의 순간마다 구원자로서 함께 하시는
그리스도로 인해 자신이 고난 속에 홀로 내던져지지
않았음을 깨닫는 것이다. 우리가 다룰 것은 어떻게 하면
예측할 수 없는 어려움을 피하고 이러한 목표들을 성취할
것인가 하는 문제이다.[36]

종교문학의 심리학은 종교가 내담자에게 위로와 격려, 발전의 원천이
될 수 있음을 밝혀냈다. 발표된 34개 연구에 대한 메타 분석에서는
종교와 정신 건강 사이의 긍정적인 연관성이 밝혀졌다(Hackney & Sanders,
2003). 발표된 49개 연구에 대한 별도의 메타 분석에서는 종교적 대처와

---

36 Paul David Tripp, *Instruments in the Redeemer's Hands* (New Jersey: P&R Publishing, 2002), 150.

스트레스가 큰 생활 사건에 적응하는 능력 사이에 긍정적인 상관관계가 있음을 발견했다(Ano & Vasconcelles, 2005). 여러 시대에 걸쳐 그리스도인들은 삶에서 큰 스트레스를 경험하게 하는 사건과 다른 형태의 고통 속에서도 헌신적이고 흔들리지 않는 기독교 신앙의 보호 혜택에 대해 일관되게 글을 써 왔다.[37]

결국 이와 같이, 성경적 기독교 상담의 궁극적인 목표는 모든 영적 문제를 진단하고 치료하여, 신자 안에 성령이 역사하고 그가 예수 그리스도를 닮아 가게 하는 것이다. 그렇기 때문에 기존의 유행하는 행동 수정의 수준에 머무르는 상담이 아니라, 하나님의 말씀에 기반하고 성령의 역사를 동반하는 영혼 사역을 할 수 있어야 할 것이다.

> 너희를 넘겨줄 때에 어떻게 또는 무엇을 말할까 염려하지
> 말라 그때에 너희에게 할 말을 주시리니 말하는 이는
> 너희가 아니라 너희 속에서 말씀하시는 이 곧
> 너희 아버지의 성령이시니라. (마 10:19-20)

애덤스도 상담은 성령의 역사이며, 기독교인에 대한 상담은 성령의 역사와 성화됨의 조화로운 사역 속에서 이루어져야 한다고 강조했다. 그리고 성령은 그 본성과 사역 때문에 '거룩(Holy)'이라 불리며, 모든 거룩함은 인간의 삶 속에서 성령의 활동으로부터 나온다고 주장했다.[38] 그런 과정 속에서 인간은 상담을 통해 그리스도를 닮아 하나님의 형상(Imago Dei)을 회복하는 일을 할 수 있게 되는 것이다.

---

[37] Joshua J. Knabb, Eric L. Johnson, *Christian Psychotherapy in Context* (NY: Routledge, 2019), 4.

[38] Jay E. Adams, *Competent to Counsel* (MI: Zondervan, 1970), 20.

반면 현대 심리학에서 '자존감'은 가장 중요한 개념으로 자리 잡았다. 그러나 기독교 상담가들은 인간의 고통과 문제의 영역에서 인간의 '죄'에 대한 문제를 조명하지 않을 수 없다. 죄의 용서와 그리스도의 형상으로 변화하는 일이 바로 복음의 중요한 메시지이기 때문이다. 그 어떤 상담 방법론으로도 습관적이고 현혹적으로 인간을 무너뜨리는 일들에 대한 명확한 답을 주지 못하기에, 우리는 성경적 상담을 통해 점진적으로 변화되는 영혼의 상태를 기대할 수 있게 되는 것이다. 오늘날 많은 인본주의 사상이 죄에 대해 조명하기를 두려워하며 서로의 옳음만을 존중해야 한다고 주장하지만, 그 결과 실제로 서로 대립되는 사회 문화 현상들을 더욱 자주 보게 되었다. 과연 이 세상에는 완전한 '정의'가 존재하는가? 저마다 정의롭고 아름다운 유토피아가 마치 존재했던 것처럼 과거의 악행과 실패를 은폐하고 존재하지 않는 유토피아를 꿈꾸고 있다. 그러나 여전히 정의롭지 않은 존재들은 자신들이 위장된 정의가 되어 누군가를 비난하며 사람을 끌어내리고 상처를 주고 죽게 만든다.

하버드 대학의 마이클 샌델(Michael Joseph Sandel) 교수는 자신의 저서에서 세상에 완전한 정의는 없다고 말했다.[39] 그는 특정 상황에서 어떤 선택도 모두를 구원할 수 없다는 사실을 인정하게 만드는 효과적인 강의법을 보여주었다. 사람들은 자신들의 문제에는 언제나 관대하며, 오늘날 '내로남불'이라는 말이 나올 정도로 비양심적인 행동을 자연스럽게 행한다. 아무리 고귀하고 순결한 것처럼 위장해도 우리는 본질적으로 그 아름다운 일에 도달할 수 없는 한계를 지녔기 때문이다.

---

39 Michael J. Sandel, *Justice: What's the Right Thing to Do?* (Farrar, Straus and Giroux, 2010)

언급했듯이 내 사람, 내 영역에 대해선 정의롭기 어렵기 때문일 것이다. 혹여나 그것에 대해서 자유로워 보이는 사람도 아직 밝혀지지 않은 또 다른 개인의 문제가 반드시 존재하는 것이 현실이다. 그렇기에 어떤 사상과 이념도 우리의 기대를 충족시키고 해방시킬 수 없는 것이다. 올바르고 괜찮아 보이는 것은 일시적인 현상이며, 시간이 지나면서 그 속에 감춰진 문제들이 드러나고 문제의 부패 속도는 더욱 가속화된다.

그렇다면 인간은 믿을 대상이 될 수 있는가? 그렇지 못하다. 인간을 믿었던 사람들이 공통으로 경험하는 것이 하나 있는데, 상대에게 '배신'이라는 감정을 느끼는 것이다. 그 이유는 인간은 누군가를 온전히 책임지거나 지켜 주는 일을 해낼 수 있는 능력이 부족하기 때문이다. 누군가가 완벽하게 보호할 능력이 있다고 말한다면 그것은 마음이 앞서 거짓말한 것일 뿐이다. 그렇기에 인간이라는 존재를 믿을 대상이 아니라, 그저 용서하고 사랑할 대상으로 바라볼 때 비로소 온전한 관계로 나아갈 꿈을 꾸게 되는 것이다. 그러나 이것을 이루기 위한 우리의 능력이 조건적이며 매우 한계적이라는 것을 깨닫게 된다.

이런 상황에서 우리에게 유일하게 믿을 수 있는 대상이 존재하는데, 인간을 창조하고 인간 존재와 관계에 대한 사용법을 가장 잘 아는 창조주인 하나님이다. 그 존재는 가장 강력한 모든 능력을 지녔으며, 우리가 실제로 원하고 이상적으로 생각하는 모든 것을 가능하게 할 수 있다고 성경은 증언한다. 더군다나 기독교 세계관의 창조주는 인간을 진실로 사랑하고 있다. 창조주의 인간을 향한 사랑의 증명은 이천 년 전 골고다의 십자가 위에서 완전히 증명되었다. 그리하여 모든 인류는 죄와 모든 어둠에서 해방되었고 세상의 죄로 인한 어둠이 걷히고 가려졌던 아름다운 것들이 드러나기 시작했다. 오늘날의 좋은 이념과 사상, 또는 인간을 이롭게 하는 개념들은 어디에서 출발하였는가? 그것이 예수 그리스도가 실재하기 이전에 존재하기는 했던가? 예수 이전에 역사에는 인간을 위한 완전한 정의와 사랑은 존재할 수 없었다. 창조주이며 완전한 인간이었던 그 존재로 인해 세상에 없었던 것들이, 불완전한 것들이 온전함으로 나아가는 길이 열리게 된 것이다. 우리 인간의 한계로 이루어질 수 없었던 모든 사랑의 완성은 오직 골고다 언덕에서 실현되었다고 감히 말할 수 있겠다.

그렇기에 인간이 먼저 해야 할 최선은 자신의 본성을 깨닫고 죄를 회개하고 새로운 삶을 살아갈 힘을 얻는 일이다. 그러나 사람들은 죄를 고백한다고 해서 그 대상을 완전히 용서하지 못한다. 인간은 그럴 만한 관용을 베풀 수도 없고 완전한 용서의 길로 나아가는 방법도 알지 못하기 때문이다. 인류는 누군가로부터 완전한 용서를 통한 진정한 자유를 경험해 본 적이 없기에 그 일을 해낼 수 있는 능력이 없는 것이다. 그래서 인류는 언제나 누군가의 피를 봐야만 용서 없는 분노가 멈추고, 그것이 계속 반복되어 결국 그 분노의 칼날이 자신들의 목에 들어올 차례가 되어서야 비로소 인생의 비참함을 깨닫게 될 뿐이다. 그러나 다행스러운 것은 회개를 통해 인류의 죄를 용서해 주는 절대적인 대상이 여전히 존재한다는 것이다. 그 존재는 인류의 그러한 행동을 통해 모든 인류가 온전히 영원한 삶에 이르도록 이끌어 주고 있다. 그리고 마침내 인류는 영원한 세계에서 모든 것을 깨닫게 될 것이다. 자신의 그 고백이 얼마나 놀랍고 감사한 은혜인지 말이다.

칼 바르트(Karl Barth)가 말하듯이 우리가 예수 그리스도 안에 있는 '하나님 형상(Imago Dei)'을 바라볼 때 기독교적 의미에서 온전한 인간성에 대한 답을 얻을 수 있다.[40] 바로 그 온전한 인간성의 회복은 예수 그리스도 안에서 창조주를 만나고, 그 예수 그리스도를 닮아가는 데 있는 것이다. 오늘날 시대에 만연한 일반심리치료가 해결하지 못하는 각종 중독과 정신 질환, 사회적 억압과 수많은 고통의 문제들은 하나님과 더불어 건강하게 살아감으로 극복할 수 있다고 믿는다.

실제 예수 그리스도는 공생애 사역을 통해 시대적인 치유와 회복을 일으켰지만, 해당 시대를 초월한 사회적이고 문화적인 치유와 회복도 일으켰다. 예수의 가르침으로 창조주가 가장 중요하게 생각하는 '사랑'이 세상의 중심에 다시 자리 잡게 되었으며, 인간에 대한 불공평과 억압이 존재하는 곳마다 복음을 통해 그 문제들이 서서히 해소되었다. 창조주의 의도대로 인간이 가장 인간답게 살아갈 수 있는 가치관과 시대정신이 발생했으며, 기독교적 복음은 다른 종교적 교리와 달리 변화무쌍하게 그 시대와 문화에 맞추어 변모하며 발전하였다. 그리고 오늘날 상담의 영역까지 침투하여 상담을 인간애 가득한 영역으로 정화시키고 있는 것이다. 이제 인간 상호 간의 긍정적인 경험이 하나님을 아는 통로가 되는 가능성이 열린 시대가 되었다. 예수 그리스도라는 완벽한 인간성을 지닌 존재가 인류의 모범이 되어 부족한 인간성을 올바르게 온전하도록 이끌 것이다. 창조주이며 절대자인 하나님 자신이 어떤 존재인지 인간에게 알게 하는 유일한 통로가 바로 예수 그리스도이다. 우리가 2천 년전 예수의 추종자들처럼 직접 예수를 만나볼 수는 없지만, 성경에서 소개하는 시대적 사실들을 통해 우리는 여전히 그와 만날 수 있다.

40 Karl Barth, *Church Dogmatics, III/2* (T. & T. Clark Publishers, Ltd., 2000), 219.

성경이 증언하는 예수 그리스도의 공생애 장면들이 매우 사실적으로 묘사되어 있고 현재 우리의 경험과 같은 맥락을 취하고 있기에 우리는 아직 온전하게 해결하지 못한 시대정신과 문화, 회복되지 않은 하나님의 형상들이 회복될 것이라 기대하게 되는 것이다.

위르겐 몰트만(Jürgen Moltmann)은 세상을 사랑하는 하나님은 자신을 우리에게 개방한다고 말하며, 이로 인해 하나님의 사랑에 동참하는 인간의 마음과 우리의 관계 속에 동참하는 하나님의 마음이 서로 일치하게 된다고 했다.[41] 다시 말해, 하나님이 어떤 다른 대상들을 통해서 우리에게 자신을 나타내며 경험할 수 있도록 한다는 것이다. 그 첫 번째 대상이 예수 그리스도이며 우리가 그리스도를 표방할 때 우리 역시 그러한 온전한 대상이 될 수 있다고 기대할 수 있게 되는 것이다.

인간은 하나님의 형상을 닮도록 창조되었다. 기독교 상담가들은 하나님을 닮은 존재들이지만, 여전히 독립적일 수 없는 의존적인 수준일 뿐이다. 만약 우리가 독립적인 완전한 존재였다면 우리의 상담은 하나님께 의존적일 필요가 없을 것이다. 그렇기에 성경적 상담은 반드시 하나님이 중요한 위치에 있어야 하며, 하나님과 깨어진 관계를 회복하는 것이 최우선이 되어야 한다. 그 일은 반드시 '회개'를 통해서 가능하다. 그러나 인본주의적 상담 요법들은 이 '회개'에 대해 간과하고 있다. 내담자들이 자신의 과거를 통해 내면의 고통을 이해하게 되면 진정한 변화가 일어난다고 기대한다. 따라서 내담자가 회피하던 문제들을 제대로 직면하고 이해하게 만들면 그것이 해결될 것이라

---

41 Jürgen Moltmann, *Experiences in Theology: Ways and Forms of Christian Theology* (Fortress Press, 2000), 322.

믿는다. 1970년대 후반에 몇몇 심리학자들은 신학과 심리학을 연결하여 연구하려고 시도했었다.[42] 그중 로렌스 크랩(Lawrence J. Crabb)[43]은 새로운 사고와 적극적 사고 습관을 만들어 변화를 일으키는 이들이 오히려 사람이 자기 자신을 믿지 못하는 것을 가리켜 '죄'라고 인식하게 만들었다고 말한다. 그리고 이것은 아주 이상한 죄의 정의라고 언급한다.[44] 이런 접근들 모두 어느 정도 효과가 있는 것은 사실이나 아주 미약하고 일시적인 효과일 뿐이다.

중요한 것은 성경적 상담가들은 일시적인 효과를 지향하지 않는다는 사실이다. 내담자의 갈등 원인에 대해 잘못된 근원에서 정답을 내리는 것이 아니라, 하나님과 더 깊고 친밀한 관계가 되어 다른 사람들과 더 깊고 친밀한 관계로 나아가 인생이 풍요로워지도록 이끄는 것을 목표하는 것이다. 크랩은 죄에 대해 제대로 숙고하게 만드는데, 시대가 변하며 인간 본성은 원래부터 선하다고 주장하기 시작했으며 교회도 갑자기 죄를 법률을 어긴 행위 정도로 낮추어 해석하기 시작했다고 강조한다.[45] 그리하여 인간의 표면적 행동 뒤에 숨어 있는 무의식적인 동기에 대한 이해를 상실하게 된 것이다. 또한 19세기 말엽, 프로이트가 아주 정교하게 세속 신화로 우리 안에 죄에 대한 이해를 헷갈리게 만드는 것에 박차를 가했다.

성경에서는 죄가 사람의 마음과 생각이 어두워진 것으로 생겨났다고 말한다. 성경에서 말하는 죄는 사회적으로 제정한 법률을 어긴 일을

---

[42] Deana Adams, *Christian and Faith-based Counseling for Brain Injury* (NY: Routledge 2023), 3.

[43] 또는 래리 크랩(Larry J. Crabb)

[44] Larry Crabb, 「인간 이해와 상담」 윤종석 역, (서울: 두란노. 2019), 186.

[45] Ibid., 190.

의미하는 것이 아니라, 하나님과 관계가 멀어진 것을 의미한다는 것을 반드시 이해해야 한다. 그러나 오랜 역사 속에서 죄의 의미가 선한 존재인 하나님과의 관계가 멀어진 것을 의미하지 않고, 제정된 율법적 행위를 어긴 것을 의미한다고 오해하기 시작했다. 그리하여 인간의 행동을 교정하는 것을 죄와 반대되는 선으로 오해하게 된 것이다. 그러나 선은 선한 존재인 하나님과 가까워지는 것을 의미하는 것이었다. 예를 들어, 구약에서 율법적으로 인간에게 먹지 말라고 한 음식을 다시 신약에서 베드로에게 먹으라고 명할 때 베드로는 그 음식들을 먹는 것이 죄라서 먹지 않겠다고 말한다.[46] 그런데 분명 먹으라고 명하는 대상이 선한 존재이며 율법을 제정한 주체임을 이해한다면 베드로가 그 말을 따르는 일이 그가 추구하는 방향으로 선해지는 길일 것이다. 그러나 여전히 율법을 지켜 그 음식들을 먹지 않으면 선해진다고 믿는다. 다시 말해, 선한 존재와의 관계를 우선하는 것이 아니라, 그 관계에서 파생되어 나온 부수적인 규칙들을 더 우선시하고 있는 아이러니한 상황이 된 것이다.

사실 성경에서 말하는 죄는 인간의 도덕적이고 윤리적인 잘못을 말하는 것이 아니었다. 죄를 법률을 어긴 행동 수준으로 말하는 오늘날 교회의 주장은 죄의 끔찍한 실체를 심각하게 약화시키는 것이다. 중요한 것은 죄가 대체로 행위가 아닌, 무의식적인 것들을 포함한다는 것이다. 따라서 그것들을 반드시 바깥으로 노출시켜야 해결할 수 있다. 진정한 변화를 경험하기 위해서는 어두워진 마음속 혼돈을 들여다봐야 하고, 성령이 우리의 본질적인 사고를 새롭게 하도록 자신을 온전하게

---

46 행 11:8, "내가 이르되 주님 그럴 수 없나이다 속되거나 깨끗하지 아니한 것은 결코 내 입에 들어간 일이 없나이다 하니."

보여야 한다.[47] 진정한 변화는 우리 안이 변화되는 것이기 때문이다. 자신도 모르는 숨겨진 동기들로 가득 차 있는 마음과 말로 꺼낼 수 없는 일들이라도 선한 하나님 앞에 노출해야 근원적인 문제를 해결할 수 있게 되는 것이다. 그러나 죄는 하나님을 떠나서도 우리가 그럴듯 하게 잘 살 수 있다고 속인다. 인류의 시작인 에덴에서부터 이브가 그런 유혹을 받았다. 크랩은 실제로 아담은 하나님께 의존하였고 창조주인 하나님에게 순종하기를 꺼리지 않았으며, 하나님을 반드시 필요한 존재로 이해했다고 강조한다.[48] 그래서 아담은 객관적 사고가 가능했 으며 그의 삶에 문제가 없었다. 그러나 아담은 하나님의 관계보다 더 좋은 삶이 있다고 유혹한 사탄에게 넘어가며, 하나님을 향해 독립을 선언한 것이다. 따라서 아담으로 인해 인류는 에덴에서 하나님에게 의존적인 존재가 아닌 스스로 독립적으로 살아가야 하는 존재가 되고 만 것이다. 그리하여 인간은 하나님의 존재를 거부하고 부정하려고 노력하게 되었다. 하나님께 의존되어 있지 않다 보니 이성이 하나님의 형상대로 작동할 수 없는 지경에 이르렀고, 쾌락적 욕구를 좇는 일들이 주가 되어 버렸다. 그로 인해 인류가 하나님으로부터 독립하려고 할 수록 인류는 공허함을 경험하게 되었다. 그러나 여러 이론은 우리가 미성숙하거나 장애가 있어서 그렇다고 계속해서 말하고 있으며, 사람 들은 의료적인 능력이나 인본주의에 입각한 심리적인 노력으로 해결 하려고 애쓰고 있다. 때론 극단적이거나 중독적인 것들을 통해 해결 하려고도 한다. 결국 이러한 모습이 바로 하나님 없이 살려는 인생의

---

[47] 로마서 12:1-2, "그러므로 형제들아 내가 하나님의 모든 자비하심으로 너희를 권하노니 너희 몸을 하나님이 기뻐하시는 거룩한 산 제물로 드리라 이는 너희가 드릴 영적 예배니라 너희는 이 세대를 본받지 말고 오직 마음을 새롭게 함으로 변화를 받아 하나님의 선하시고 기뻐하시고 온전하신 뜻이 무엇인지 분별하도록 하라."
[48] Larry Crabb, op. cit., 197.

모습인 것이다. 크랩은 상담을 통해 내담자가 하나님께 의지하고 순종하는 길을 갈 수 있도록 도와야 한다고 강조했다. 내담자가 삶의 태도를 바꾸어 하나님의 계획에 초점을 맞추고 개인적인 욕망을 변화시켜야 한다는 것이다. 단순하게 보여지는 행동만이 수정되는 것이 아니라, 내적으로 새로운 마음과 인격 등이 있어야만 가능하다고 보았다. 그는 더 넓은 목표로 '목표 상승(Up Goal)'이 되어 온전해지는 길로 나아가야 함을 시사했다.[49]

신약 성경은 내적인 변화가 없다면 외적인 변화는 무가치하다고 분명하게 말하고 있다. 예수도 내면의 변화는 하나도 없는데 외적으로만 종교적이었던 바리새인들을 향해 가장 크게 꾸짖었다. 내면의 보이지 않는 문제를 그대로 둔 채 겉으로만 그럴싸하게 행동하는 사람들이 가장 위험한 대상이 된다는 것을 지목했던 것이다.[50] 그렇기에 하나님 없이 독립적으로 살아갈 수 있다는 자신에 대한 잘못된 이미지를 버리려 노력해야 한다. 자신의 노력으로 인생의 문제들이 해결될 것이라 믿는 것이나, 사회 속에서 내가 좋은 관계들을 맺을 때 행복할 수 있다는 신념들이 하나님이 필요 없다는 생각을 유지하게 한다. 사탄은 우리가 스스로의 힘으로 인생을 직접 풀어 나갈 때 거기에 생명이 있다고 약속하고 유혹한다. 그러나 하나님은 우리가 죄성을 인정하고 그리스도를 구주로 영접하며 그리스도 없는 삶의 혼돈과

---

49 Larry Crabb. 「성경적 상담학」 전요섭 역, (서울: 총신대학교출판부, 1982), 28.
50 마 23:25-28, "화 있을진저 외식하는 서기관들과 바리새인들이여 잔과 대접의 겉은 깨끗이 하되 그 안에는 탐욕과 방탕으로 가득하게 하는도다 눈 먼 바리새인이여 너는 먼저 안을 깨끗이 하라 그리하면 겉도 깨끗하리라 화 있을진저 외식하는 서기관들과 바리새인들이여 회칠한 무덤 같으니 겉으로는 아름답게 보이나 그 안에는 죽은 사람의 뼈와 모든 더러운 것이 가득하도다 이와 같이 너희도 겉으로는 사람에게 옳게 보이되 안으로는 외식과 불법이 가득하도다."

무력함을 그대로 인정할 때 거기에 생명이 있다고 약속하고 있다. 진정한 변화는 마음을 새롭게 하는 것이지 과거나 현재 환경을 바꾸는 데 있지 않다. 과거의 상처 기억을 치유하고 현재 상황을 재조정하는 것이 문제의 핵심을 해결하는 것이 아니다. 바로 하나님 없이 삶을 살아가려는 생각을 버리고, 회개하고 삶의 방향을 재조정하려는 태도가 필요하다. 그러할 때 우리의 인생에서 누군가를 용서할 수 있는 길이 열리게 될 것이다.

그러므로 성경적 상담을 통해 인간관계 속에서 사람들 모두가 하나님의 형상을 되찾고, 이것으로 하나님과 더욱 성숙하고 온전한 관계를 맺는 동시에 인간 상호 간에 보다 성숙하고 온전한 관계를 맺는 과정이 이루어질 것이다. 또한 우리는 예수 그리스도와 동행하는 삶 속에서 비로소 진정한 자기 정체성과 소속감을 갖게 된다. 그렇기에 기독교 상담가는 내담자의 욕구를 적절히 조절하여 그가 자기 자신이 아니라 하나님을 바라보도록 이끌어 낼 줄 알아야 할 것이다. 내담자의 기대와 달리 상담가 역시 자신과 같은 불완전한 존재이며 하나님의 긍휼을 필요로 하는 존재라는 사실을 정직하게 인정하는 태도를 보여야 한다. 그럴 때 내담자는 궁극적으로 상담가가 아니라 상담가 너머의 하나님을 바라보고 그 하나님을 자기 대상으로 삼아 인격적이고 영적인 성숙함에 이르게 되는 것이다. 상담가 스스로가 하나님처럼 절대적이거나 그들의 부모의 역할을 취하지 않도록 적절한 균형을 통해 공감과 좌절을 이끌 수 있어야 한다. 이 과정에서는 상담의 기술적이고 인간적인 노력뿐만 아니라, 상담가의 성품을 성숙하게 만들어 줄 삶의 노력들과 성령 하나님의 도움을 바라는 말씀과 기도가 반드시 필요하다.

변화 지향적인 기독교 상담에서는 인간의 노력과 그 힘의 근원을 하나님으로 이해한다. 진정한 치유의 노력을 위해서는 유신론의 하나님이 필요하다. 그리고 모든 치유 과정에서 인간의 행동은 신의 행동을 재현하고 재연할 것이다. 성경적 상담가가 내담자를 진정으로 공감하고 수용할 때 내담자가 치유되는 임상 결과를 볼 수 있다. 이러한 적절한 상담 노력은 하나님의 치유 행위를 재생산하고 재현하는 일이기 때문이다. 치유 자체로 이해되는 하나님의 치유가 상담사의 치유 능력을 유발하기 때문에 우리는 하나님을 '치유하는 하나님'이라고 부르게 된다. 하나님은 치유 능력을 지닌 신으로 이해되어서는 안 된다. 하나님의 치유는 영원한 치유 그 자체이기 때문이다.[51]

로드니 헌터(Rodney J. Hunter)는 일반 심리 상담의 추세에 따라 기독교 상담에서 목회상담가의 인격의 중요성은 상대적으로 많이 강조해 온 반면 성경이 말하는 하나님의 구원 능력은 점점 잊어버리고 말았다고 언급했다. 그의 말대로 우리의 고민은 어떻게 하면 발달한 임상 상담의 모델을 그대로 계승하면서 그것을 현실 속에서 하나님의 구원의 역사에 동참하는 기독교 사역 속에 다시 자리 잡게 할 것인가이다.[52] 상담가는 하나님의 일을 이루기 위해서는 내담자와의 관계에서 공감적 이해와 지지를 제공해야 하며, 내담자를 외적, 내적 억압으로부터 대항하고 해방하기 위해서는 신앙 공동체의 힘을 활용할 수 있어야 한다. 그러므로 성경적 상담은 개인적 차원을 넘어 공동체적 실천으로 확장될 필요가

---

[51] Simon Shui-Man Kwan, *Negotiating a presence-centred christian counselling: towards a theologically informed and culturally sensitive approach* (England: Cambridge Scholars Publishing, 2016), 22-23.

[52] Rodney J. Hunter, "The Power of God for Salvation: Transformative Ecclesia and the Theological Renewal of Pastoral Care and Counseling," *Journal of the Interdenominational Theological Center* 25, no. 3 (1998): 62.

있음을 깨우쳐야 할 것이다.

앞에서 언급한 바와 같이 성경적 상담의 모범은 '예수 그리스도'이다. 예수는 대상을 치유하는 중에 그들을 위해 상담했고, 무리를 가르치는 중에도 상담을 멈추지 않았다. 예수는 모든 사역 중에 쉬지 않고 상담을 했다고 말해도 과언이 아닐 것이다. 또한 예수의 공생애 시절뿐만 아니라, 부활해서도 제자들을 만나 상담했으며 이후로도 보혜사 성령을 보내어 돌봄을 지속했다. 그의 상담의 기능적인 측면은 다양했는데 대상의 상황과 상태에 맞춰 적절한 방법을 취했던 것을 알 수 있다. 예수는 참으로 놀라운 상담가였다. 그는 사는 동안 수많은 사람을 치유하고 그들을 위해 봉사했으며, 그가 사람을 치유하던 삶의 영향력은 오늘날까지도 지역적인 수준이 아니라 가장 세계적이며 강력하다는 것을 알게 된다. 그는 인간의 제약들에 얽매이지 않았다. 우리가 상담 과정에서 제약들로 인해 어려워할 수 있는 문제들에서 완전히 자유로운 모습을 보여주었다. 예수는 시대와 문화, 지위, 권력에 맞서며 소외된 사람들에게 편견 없이 다가가 치유했다. 그는 인간으로서 인간이 비범할 수 있는 모습이 무엇인지 정확하게 보여주었다. 따라서 필자는 본이 되었던 예수 그리스도 안에서 누군가의 인생을 온전히 성숙시키고 변화시킨 인류 역사상 가장 좋은 롤 모델이 바로 예수 그리스도임을 믿어 의심치 않는다.

2. 성경적 상담가의 관점과 자세

상담 모델, 사역 목적, 사람들을 돌보는 것이 시간이 지날수록 '계속해서 좋아지는 것'만은 아니다. 또한 나이가 들고 경험이 쌓인다고 저절로 더 신실해지고, 더 성경적이 되고, 더 현명해지지는 않는다. 우리는 20년간 향상된 경험을 가질 수도 있고, 1년의 경험을 20번 반복할 수도 있다. 특히 우리 삶의 죄로 인해 판단력이 흐려질 때 상담이 더욱 악화될 수도 있다는 것을 명심해야 한다.[53]

성경적 상담을 진정한 상담으로 만드는 것은 '그리스도의 관점'이다. 그리스도가 내담자를 향하고 있는 모습을 먼저 찾는 것이다. 이러한 관점은 상담 이전에 수많은 훈련을 통하여 체득해야 할 부분이다. 힐트너(Hiltner)는 목회 상담을 특징짓는 관점을 목자가 한 마리 양을 찾는데 전심을 기울이는 마음, 또는 '자상하게 염려하는 마음(Tender and Solicitous Concern)'이라 했다.[54] 그러므로 기독교 상담을 진정한 상담으로 이끄는 길은 내담자와 동행하는 그리스도를 바라보고 그의 마음을 느끼고 공유할 때 비로소 이루어질 수 있는 것이다.

> 형제들아 사람이 만일 무슨 범죄한 일이 드러나거든
> 신령한 너희는 온유한 심령으로 그러한 자를 바로잡고
> 너 자신을 살펴보아 너도 시험을 받을까 두려워하라. (갈 6:1)

내담자의 문제를 바라볼 때 상담가가 의인으로서 있다면 절대로 온전한 상담이 이루어질 수 없다. 상담하러 온 내담자에게 반드시 문제가 있으며 그 문제가 죄와 연관되어 있다는 점을 이해하지만, 성경적 상담가들이 먼저 '회개'함으로 자신의 연약함을 인정할 수 있어야 한다. 이것은 성경적 상담가로서 필수적인 이해라고 볼 수 있다.

---

53 Robert D. Jones, *The gospel for disordered lives: an introduction to Christ-centered biblical counseling* (Tennessee: B&H Academic, 2021), 58.
54 Seward Hiltner, 「목회신학원론」 민경배 역, (서울: 대한기독교서회, 1968), 19.

기독교적 세계관에서 우리의 본성은 연약하기에 절대자의 은혜가 필요하며, 내담자와 마찬가지로 상담가도 같은 상황임을 깨닫게 된다. 그렇게 문제를 함께 직시하고, 함께 예수를 바라볼 수 있어야 한다. 이것이 다른 상담과는 다른 가장 큰 차이점일 것이다. 성경적 상담가는 죄와 해결되지 않은 심리적 문제가 때때로 우리 자신의 한계와 결점을 보지 못하게 하는 교만으로 이어질 수 있고, 윤리적 문제를 인식하지 못하게 하는 방식에 대해 특히 주의해야 한다. 내담자를 보호하고 권리와 책임을 져야 할 필요성이 있다. 그러므로 성경적 상담가가 최적의 윤리적 실천을 열망한다면 영적 삶에 대한 자양분을 얻어야 할 것이다.[55]

새로운 내담자에 대한 상담이 시작될 때 주요 초점은 내담자와의 관계를 형성하는 것이다. 치료는 무엇보다도 관계가 우선시되기 때문이다. 이것이 이뤄지지 않으면 내담자는 상담가나 상담 과정에 애착을 갖지 않으며, 상황이 어려워지거나 압도적이라고 느끼면 아마도 상담에 참여하지 않게 될 수 있다. 이를 위해 먼저 내담자의 이야기를 듣고, 이해하고 공감하며 내담자의 삶과 마음에 들어갈 수 있는 방법을 적극적으로 모색해야 한다. 내담자는 어려움이나 죄를 진단받거나 단순히 언급된 문제에 대한 지시를 받고, 가장 피하거나 제거하고 싶은 문제를 적극적으로 다루기 위해 상담가를 찾는 것이 아니기 때문이다. 상담가는 내담자와 함께 앉아서 연결되어야 한다. 그래야 내담자가 자신과 한 팀이라고 느끼며 함께 문제에 직면하고 문제를 이해하고 처리하여 건설적인 방법을 찾을 수 있기 때문이다. 이것이 바로 '성육

---

55 Randolph K. Sanders, *Christian counseling ethics: a handbook for psychologists, therapists and pastors* (Illinois: InterVarsity Press Academic, 2013), 38.

신적'인 작업이다. 예수는 말씀이 육신이 되어 이땅에 오신 하나님의 아들이지만, 인간과 동일한 '몸'이라는 한계를 가지고 있었다는 점에서 우리와 다르지 않다. 이것이 바로 그를 이해한다는 것을 우리가 아는 방법이며, 그가 우리에게 가르치려고 온 진리를 우리가 이해하기 시작하는 방법일 것이다.[56]

예수가 '사랑하라'는 계명을 강조했음을 주목해야 할 필요가 있다. 예를 들어 가족 상담에서 상담가는 가족 구성원들에게 가정이 사랑과 이해로 함께하는 공간임을 이해시켜야 한다. 가정에서 갈등이나 의견 충돌이 있을 때, 서로를 사랑하고 이해하는 자세로 대화를 나눌 수 있도록 노력해야 한다. 상대방의 의견을 경청하고, 상황을 바라보는 관점을 바꾸는 것도 중요하다. 서로가 서로 안에 있는 진심을 만날 때가 가장 아름답고 반짝이는 순간일 것이다. 그렇기 때문에 가족 모두가 함께 성장하고 서로를 지지하는 훈련이 필요하다. 또한 서로를 존중하는 자세와 비판하지 않고 들어줄 수 있는 여유 있는 상담가의 태도가 반드시 필요하다. 세월이 흐르고 연구 결과가 쌓이면서 높은 수준의 공감은 변화와 배움을 가져올 수 있는 가장 유력한 요인이라는 결론이 강력한 지지를 받게 되었다.[57] 상담가는 내담자의 이야기에 진심으로 귀를 기울이고, 그들의 감정과 요구 사항을 편견 없이 이해하려고 노력할 수 있어야 한다.

현대인은 심한 외로움, 단절감, 그리고 자신의 깊은 내면으로부터의 소외와 다른 이들에게서 소외를 경험한다.[58] 그러나 공감은 소외감을

---

[56] Greggo, Stephen, *Counseling and Christianity: five approaches* (IVP Academic, 2012), 112.
[57] Carl Rogers, op. cit., 153.

해소한다. 공감을 받는 사람은 적어도 그 순간만큼은 자신이 인류와 연결된 한 부분이라는 것을 알게 되기 때문이다. 융은 "정신분열증 환자들은 자신들이 이해받고 있다고 느낄 수 있는 사람을 만나면 더 이상 정신분열증 환자가 아니다"[59]라고 말한 적이 있다. 그러므로 성경적 상담가는 내담자에게 가족처럼 공감하며 다가가야 한다. 웨인 맥(Wayne Mack)은 상담할 때 어떻게 가까운 친척을 다룰 것인지 의도적으로 노력하여 상상한다고 한다. 그리고 스스로 자신에게 묻는다. '어떻게 말할 것인가? 내 앞에 앉아 있는 이 사람이 나의 어머니나 아버지, 또는 형제자매라면 나는 어떻게 상담을 진행할 것인가?' 실제 내담자들은 우리의 영적 형제자매이며, 하나님 아버지는 우리가 그들을 그렇게 대하기를 원하시기 때문이다.[60]

다음으로, 성경적 상담가는 하나님과 연결되어야 진정한 정체성을 확립할 수 있다. 왜냐하면 기독교 상담가의 심리 치료의 궁극적 목표는 내담자가 하나님과 더 친밀한 관계를 맺도록 이끄는 것이기 때문이다. 성경은 하나님을 경외하는 삶이 인간의 본분이라고 말한다. 성경적인 상담을 잘하려면 삼위 하나님이 어떤 존재이며, 어떤 일을 하는지 잘 알고 믿어야 한다. 하나님에 대한 이해가 확장될수록 놀라운 상담가(Wonderful Counselor)인 예수의 상담 방법을 따라가는 것이 가능해진다. 상담가는 내담자가 자신의 문제와 갈등을 심리적인 차원을 넘어 영적인 관점으로 조명할 수 있도록 도와야 할 것이다. 그러나 내담자의 모든 문제를 무조건 영적인 차원으로만 해석하는 것은 문제가 될 수 있다.

---

58 Ibid., 181.
59 Ibid., 165.
60 Wayne A. Mack, *Developing a Helping Relationship with Counselees* (Nashville: W Publishing, 1994), 178.

이를 위해 상담가들은 내담자가 양 차원의 결핍된 부분들에 대해 보완하고 올바로 바라볼 수 있도록 이끌어야 한다.

하나님과의 관계 발전을 위한 성경적 상담가만이 누릴 수 있는 특권 두 가지가 있다. 먼저는 '말씀'의 자원을 활용하는 것이다(시 19:7-8, 히 4:12). 하나님의 말씀은 지혜와 명철과 신뢰가 있어 우리의 인생의 등불이 되어 인생의 방향을 제시하며 시대를 초월하게 이끈다. 역사 속에서 세상을 변화시키는 그리스도인들의 삶의 이유가 여기에 있다. 성경을 통해 우리는 성령이 우리 영혼과 대화하고 우리가 다른 사람들을 돌볼 수 있도록 준비하는 신성한 대화에 들어갈 수 있다. 그래서 성경적 상담가는 성경을 경건하게 읽어야 할 것이다. 이것은 상담가가 자신의 삶에서 평가할 수 있는 가장 기본적인 영역일 수 있다. 그럼에도 불구하고 이러한 관행은 성령이 우리의 내면에 침투하는 가장 강력한 방법 중 하나로 남아 있다. 그래서 일반적으로 성경을 묵상할 때 기도로 시작해야 한다. "말씀하옵소서 주의 종이 듣겠나이다"(삼상 3:10). 수 세기 동안 수도원의 수도사들은 하늘의 하나님이 말씀을 통해 우리와 대화할 준비가 되었다는 겸손한 기대 속에서 열린 마음으로 성경에 접근하는 행위인 렉시오 디비나(Lectio divina)의 실천을 장려해 왔으며, 하나님과의 관계의 발전을 위한 도구로 사용했다. 또한 말씀의 대화 과정에서 성령은 예수 그리스도의 현존에 대한 인식을 더욱 높이도록 돕는다. 성경적 상담가의 첫 번째 단계는 신앙 전통, 문화유산, 제자도 경험, 역할 모델 및 하나님과 말씀을 통한 친밀한 대화를 기반으로 한 헌신과 실천에 대한 개인적인 기대에 주목하는 것이다. 그러므로 성경적 상담가는 상담 사역과 직업적 역할에 비추어 어떤 헌신의 습관이 현실적이고 적합하며 지속 가능한지 생각해 봐야 한다.

다음으로는 '기도'의 자원을 활용하는 것이다(시 62:8). 하나님은 최고의 상담사이기에 우리의 마음을 쏟아낼 가장 좋은 대상이 되는 것이다. 또한 하나님께 마음을 쏟아내는 작업이 이 세상에서 가장 안전하다. 기도는 시간 제한이 없을 뿐 아니라 마음이 정화되며 답답하고 억울함과 분노를 쏟아도 어떠한 관계적 문제가 발생하지 않는다. 특히 상담가의 양심의 문제를 해결하는 가장 탁월한 길이 될 수 있다. 존 맥아더(John MacArthur)는 "죄를 지은 상담가는 피상담가가 하는 것과 동일한 것을 행해야만 한다. 즉 회개와 변화를 위한 특별한 계획을 시행하면서 변화되어야 한다. 죄에 대해 안주하는 습관을 형성하지 못하게 하는 것은 대단히 중요한 일이다. 작고 또는 크고의 문제가 아니라, 죄는 그쳐져야만 한다. 하나님의 말씀을 연구하는 상담가로서, 우리는 우리의 삶에 적용되는 죄에 대한 영적인 가르침에 주의를 기울일 필요가 있다. 우리가 삶 가운데 죄와 직면하게 될 때, 그것을 무시할 수 없다. 우리가 죄를 지으면, 회개하고 변화해야만 한다. 우리가 결백하면, 하나님이 왜 우리가 죄 때문에 비난을 받게 허락하는지를 생각해 봐야 한다. 아마도 우리는 삶에서 그런 죄를 예방하기 위한 보호 지침을 지켜 가는 데에 좀 더 일관성을 가질 필요가 있다."[61] 라고 말한다.

다시 말해, 기독교 상담가는 개인적인 훈련을 통해 육신의 연약함을 극복하며 돌아봐야 한다고 주장하는 것이다. 또한 이것에 대해서 구체적으로 충분한 수면과 매일의 운동, 적절한 체중 조절을 위한 절제가 포함될 때에 가능하다고 말한다. 이것이 일반 상담가들이

---

61 John MacArthur, 「상담론 - 어떻게 성경적으로 상담할 것인가」 안경승 역, (서울: 부흥과개혁사, 2018), 188.

간과하는 부분들에 대해 기독교 상담가들이 특별하게 더욱 노력하는 부분이라고 강조하고 싶다. 맥아더(MacArthur)는 수면과 운동, 체중에 관해 다음과 같이 언급한다.

대부분의 사람들은 매일 밤 7~8시간의 잠을 필요로 한다. 극히 소수의 사람이 이보다 덜 수면을 취하면서 평소 활동에 지장을 받지 않고 살며, 본인이 그렇게 할 수 있다고 생각하지만, 소수의 사람만이 수면 시간에 지장을 받지 않고 살 수 있다. 상담가는 적절한 수면을 취하지 못할 정도로 분주해서는 안 된다. 충분한 휴식은 모든 육신의 다른 측면만큼이나 중요하다. 적절한 휴식이 없이, 피곤은 특별히 피상담가의 이야기를 경청하거나 그의 상태를 분별할 때, 집중을 어렵게 한다. 우리 육신을 적절히 돌보는 것은 적합한 신체 운동을 포함한다. 많은 의학적 연구는 정신적 그리고 육체적 건강에 미치는 장기적 유익과 함께 좋은 건강을 유지하기 위해 운동의 필요성을 확증한다. 운동은 우리 육신이 기능을 잘하도록 할 뿐만 아니라, 스트레스를 줄여 주고 질병의 위험을 경감시킨다. 상담가는 매일 운동하는 습관과 적어도 필요한 신체적 활동을 할 필요가 있다. 마음을 깨끗하게 하고 에너지를 보충해 줄 것이다. 균형 있는 체중을 유지하는 것 역시 중요한 건강 요인이다. 신체 활동이 없는 사무직을 담당하는 많은 상담가는 균형 잡힌 칼로리가 낮은 음식을 섭취하고, 운동을 통해 여분의 칼로리를 소비하며, 자기 절제와 결심이 필요하다. 또한 적당한 몸무게를

유지해야 한다. 상담가가 다이어트와 체중 조절이라는
기본적인 영역에서 훈련되지 못한다면 어떻게
피상담가에게 삶의 다양한 영역에서 훈련되어야 한다고
주장할 수 있겠는가?[62]

그는 상담가는 육신의 상태가 최고조에 이르지 않는다면 내담자를
위한 완성된 상담을 이뤄 내기 어렵다고 강조한다. 육체를 관리하는
것이 자신을 위한 것이 아니라, 내담자를 위한 것이기도 함을 이해할
때 상담가는 더욱 고린도전서 3장 17절에서 말하는 하나님의 성전을
온전하게 지킬 수 있을 것이다. 인간의 몸은 치유 활동을 할 수 있게끔
창조되었음을 기억하고, 육체에 대한 관리적 차원의 노력을 결코
간과해서는 안 된다.

3. 성경적 상담가의 필수 역량

로저스(Rogers)에 따르면, 어떤 이와의 의사소통 경험 중에는 따뜻하고
좋고 만족스러운 경험들이 있지만, 반면에 그 당시뿐 아니라 시간이
지날수록 점점 더 불쾌하고 불만스러우며 더욱 멀어지고 덜 만족스럽게
느껴지는 경험도 있다고 한다. 이는 누구든 자신과 상대방을 위축되게
하는 의사소통의 경험은 피하고 싶다는 의미이다.[63] 그래서 우리는
누군가의 마음을 진실로 들을 수 있을 때 즐거움과 만족감을 느낀다.
또한 누군가의 마음을 온전히 들을 때 비로소 진정한 만남에 이르며,
삶이 더욱 풍요로워진다.

---

[62] Ibid., 189-190.
[63] Ibid., 27.

그러므로 모든 기독교 상담가는 감독과 정기적인 상담에 헌신하도록 해야 한다. 이것은 거의 모든 실습 및 교육 환경에서 요구되는 사항이다. 감독과 상담의 질과 양은 매우 다양하다. 감독과 상담의 질과 양이 좋을 때, 전문적인 역할과 책임을 수행하는 것과 관련된 윤리적 문제, 그러한 역할 사이의 명확한 경계를 유지해야 할 필요성, 이중 관계의 잠재적 위험에 대해 많은 것을 배울 수 있다. 그러한 맥락에서 강점과 약점에 대한 자기 인식과 치유 과정의 조력자에 대한 통찰력이 길러진다. 이상적으로 이것은 자기 탐구와 성장을 위한 촉매제가 될 수 있으며, 모델링과 멘토링 모두를 위한 맥락이 될 수 있다. 상담가에게 개인적인 문제가 발생하는 경우 다른 전문가에게 도움을 의뢰하는 것이 최선의 방법이다. 자신의 기술적 전문성의 한계를 인식할 기회가 있다면, 적시에 다른 정신 건강 전문가에게 의뢰할 수 있을 것이다. 그렇기에 주의 깊은 감독과 정기적인 상담 실습은 훈련 환경의 공식적인 요구 사항을 훨씬 뛰어넘어 지속되어야 할 것이다. 물론 자격증 취득 및 면허 취득 이상의 수준 높은 감독은 비용과 시간이 많이 소요될 수 있다. 그러나 지속적인 교육 및 훈련에 대한 헌신이 있을 때, 이것이 가장 가치 있는 투자가 될 수 있는 잠재력을 가지며 우수성에 대한 지속적인 헌신의 매우 실질적인 표현이 될 수 있다고 믿는다. 또한 실제로, 이것은 우리가 더 큰 온전함과 거룩함의 성취를 목표로 하는지, 그리고 우리가 최고의 성경적 상담가가 되는지를 증명하게 될 것이다. 그렇기에 성경적 상담가는 합법적인 자격증과 전문 자격증 취득을 장려해야 한다.

마크 맥민(Mark R. Mcminn)은 기독교 상담가의 자질에 관해 점검하는 질문들에 다양한 주제로 접근하였는데, 성경적 상담가들이 자신을 통찰할 때 각각의 질문들에 대해 답해 보는 것이 큰 도움이 될 것이다. 그의 주요 질문들을 간략히 소개하면 다음과 같다.[64]

1) 이론적 사고와 지식

① 인간의 상호 작용에 대한 지식을 충분히 갖추었는가?

② 내담자를 관찰할 수 있는 능력을 갖고 있는가?

③ 성경과 신학적인 관점을 통합하려고 시도하고 있는가?

④ 상담 이론들을 정확히 알고 바르게 적용하고 있는가?

⑤ 상담의 내용과 과정을 구별할 수 있는 능력이 있는가?

2) 내담자와의 관계 기술

① 내담자와 치료 관계를 적절히 형성하는가?

② 경청하는 능력이 있고 내담자의 말을 잘 들어 주는가?

③ 내담자를 존중하며, 상담에 대한 적절한 열정과 사랑이 있는가?

④ 내담자의 감정을 인정해 주고 확인해 주는가?

⑤ 내담자를 진실한 자세로 대하고 있는가?

⑥ 내담자에게 따뜻한 마음을 전달하는가?

⑦ 내담자를 평가하기보다는 이해하는 태도를 유지하는가?

⑧ 성경 구절을 인용해서 내담자를 정죄하지는 않는가?

⑨ 교회의 직위나 기도, 영적 권위를 이용해서 내담자를 자신에게 의존적으로 만들지는 않는가?

---

64 Mark R. Mcminn, 「심리학, 신학, 영성이 하나 된 기독교 상담」 채규만 역, (서울: 두란노. 2007), 353-360.

3) 일반적인 상담 기술

① 내담자의 관심에 초점을 두고 상담을 진행하고 있는가?

② 내담자의 이야기를 들으면서 정확한 정보를 가지고 있는가?

③ 새로운 정보를 얻을 때마다 치료 계획도 적절하게 수정하고 있는가?

④ 내담자에게 긍정적인 변화에 대한 희망과 기대감을 심어 주고 있는가?

⑤ 정서적으로 긴장된 상황에서도 이성을 잃지 않고 대처하는가?

⑥ 내담자와 논쟁이나 싸움, 혼란스러운 상황을 피하고 이러한 상황이 발생했을 경우 적절히 대처하는가?

⑦ 내담자와 기독교 교리에 대한 논쟁에 빠지지는 않는가?

4) 내담자에 대한 개입 능력

① 여러 가지 개입 방법들에 대해 숙지하고 있는가?

② 내담자를 대신해서 문제를 해결해 주고 있지는 않은가?

③ 내담자와 적절한 경계를 유지하고 내담자에게 경계를 가르쳐 주고 있는가?

④ 내담자의 문제나 부정적인 사건을 적절하게 재정의해 주고 있는가?

⑤ 파괴적인 대화를 적절하게 막고 대안을 제시해 주고 있는가?

⑥ 내담자를 오히려 피해자로 만들지 않도록 적절하게 대처하고 있는가?

⑦ 문제에 대한 내담자의 불안을 감소시켜 주는가?

⑧ 내담자가 자신의 문제에 대한 책임을 전가할 때 적절히 대처해 주는가?

⑨ 내담자의 문제를 성급하게 기도와 성경 구절 인용으로 대처하지 않고, 내담자의 문제를 충분히 이해하고 그러한 가운데서 신앙의 조화를 시도하고 있는가?

⑩ 내담자가 하나님과 친밀한 관계를 갖도록 적절히 도와주고 있는가?

5) 상담의 관리 기술

① 상담의 종결을 치료적으로 하고 있는가?

② 상담에 대한 교육, 안내, 절차 등을 내담자에게 적절히 알려주었는가?

③ 치료 관계에 장애가 되는 문제들을 적절하게 처리하고 있는가?

④ 상담가가 전체적인 상담의 흐름을 통제하고 있는가?

⑤ 상담 중 시간 엄수, 상담 중의 부적절한 행동 등에 관해서 적절히 통제하고 있는가?

⑥ 상담의 매회기 시 효과적으로 종결하고 있는가?

⑦ 매회기 시 초기 시작을 효과적으로 하고 있는가?

⑧ 성경적 접근을 효과적으로 활용하고 있는가?

⑨ 기도, 용서, 회개 등의 중요한 기독교적 접근을 효과적으로 통합하고 있는가?

6) 상담의 관리와 직업적인 행동

① 상담가의 윤리 규정을 숙지하고 있는가? (내담자의 비밀 유지, 이중적인 관계, 내담자의 성적 이용, 내담자와의 이권 관계 등)

② 자신의 전문 상담 분야가 아닐 때 적절하게 다른 전문가에게 의뢰하고 있는가?

③ 다른 상담가들과 좋은 인간관계를 유지하는가?

④ 내담자에게 전문적인 직업인의 이미지를 유지하고 있는가?

⑤ 내담자와 교회에서 같이 활동할 경우 내담자의 비밀 유지를 포함해서 불편한 관계를 유지하고 있지는 않은가?

7) 슈퍼비전의 활용

① 슈퍼비전을 상담에 효과적으로 적용하고 다음의 슈퍼비전 시간에 보고하는가?

② 감독자의 피드백을 수용하려고 노력하는가?

③ 자신이 다루고 있는 사람에 대한 개입 방법이 합리적인가?

④ 상담가의 역전이를 잘 다루어 주고 있는가?

⑤ 상담의 효과를 잘 평가하고 숙지하고 있는가?

⑥ 내담자를 위해서 적절한 기도를 하고 있는가?

⑦ 자신의 신학과 신앙에 의거하여 내담자를 편견으로 보고 있지는 않은가?

8) 개인적 자질과 자기관리

① 상담가로서 언행이 일치하는가?

② 배우려는 자세가 있는가?

③ 융통성이 있는가?

④ 실수하였을 때 책임을 지는 자세가 되어 있는가?

⑤ 상담을 방해할 만한 개인적인 정신 병리는 없는가?

⑥ 평소에 비판적이고 평가하는 태도로 남을 대하지는 않는가?

⑦ 개인 상호 간의 차이점(전문성, 학교 및 출신 지역, 성별, 다른 종교 등)들을 수용해 주는가?

⑧ 방어적이지는 않은가?

⑨ 참을성이 있는가?

⑩ 자신이 말한 것이 남에게 어떠한 영향을 주는지 알고 있는가?

⑪ 자신이 본 현실과 생각이 모든 사람에게 적용되는 것은 아니라는 것을 알고 있는가?

⑫ 유머 감각이 있는가?

⑬ 일에 대한 열정과 헌신적인 자세가 있는가?

⑭ 자신의 불안을 통제할 만한 능력이 있는가?

⑮ 건전한 신학적인 배경을 가지고 있는가?

⑯ 건전한 신앙관을 가지고 생활에서 실천하는가?

⑰ 자신의 영성 계발과 유지에 시간을 투자하고 할애하는가?

⑱ 하나님과 친밀한 관계를 유지하고 있는가?

⑲ 하나님과 사람 앞에서 겸손한가?

⑳ 자신은 건전한 가정을 유지하고 있는가?

9) 목표 설정

① 현실적인 상담의 목표를 설정했는가?

② 상담의 목표가 명확한가?

③ 내담자와 함께 상담의 목표를 설정했는가?

④ 하나님과의 친밀한 관계를 치료의 목표에 포함시켰는가?

기독교 신앙 내에서 상담은 본질적으로 전인을 양육하는 독특한 대인 관계 대화 안에서 지혜를 찾는 일이다. 그 목적은 다른 사람들에 대한 예수와 같은 사랑이 유지될 수 있도록 열매 맺는 방식으로 조건 없이 하나님과 자기 자신을 사랑하도록 마음을 조절하는 것이다(시 4:1-9; 51:10-17; 61:1-4; 마 22:37-39). 잠언의 처음 여덟 장에서는 지혜를 우리의 속사람에게 알리고 우리의 외적인 행동이 하나님을 공경하는 삶을 나타내도록 하는 주요 미덕으로 정의한다. 잠언의 해당 메시지와 함께 각 평가 전체를 배치함으로 우리는 평가의 목적을 영적인 심장 관리로 이해해야 한다.

평가는 마음을 여는 의사소통이다(잠 3:1-3). 이 구절에 담긴 제안은 피상적인 구제가 아니라, 내면화될 때 현명한 삶을 살게 되며 번영과 평화를 가져온다. 즉 내면의 생각, 정서적 유대, 의지, 존재의 중심이 하나님이 되어야 하는 것이다. 맞춤형 상담을 위해 남다른 노력으로 대화를 돕는 것을 추구한다. 이러한 개인화된 역량은 역동적인 관계 자원을 활용하여 마음을 부드럽게 하고, 마음을 열고, 평안을 향해 나아가게 한다. 그러므로 평가는 내담자의 외부 상황과 태도를 살펴볼 뿐만 아니라 치료 관계 자체의 복잡함을 해결해 효과적으로 신뢰할 수 있게 만든다. 긍정적이라고 생각되던 관계가 자연스럽게 오해가 발생하는 관계로 바뀌게 될 때, 이는 상처나 오해가 더 깊어지기 전에 장애물을 파악하고 복구에 집중할 수 있는 수단을 제공한다. 상담하는 그리스도인들은 이러한 도움의 관계가 힘과 안정의 유일하고 참된 근원과의 연결을 나타내기 위해 고안되었음을 인식해야 한다. 지혜가 상담가를 통해 흐를 수는 있지만, 공급하는 이는 하나님이다. 모든 축복과 좋은 은사는 복음 구원의 유익이다.

IV. 상담 방법론으로서 예수의 상담 연구

1. 예수의 상담 기술에 대한 배경

우리는 예수가 하나님의 아들이기 때문에 상담적인 기술을 선천적으로 갖추고 있었다고 생각할 수 있다. 그러나 유대 민족에 대해 깊이 연구하면, 예수가 당시에 얼마나 많은 교육을 받으며 노력을 했는지 유추해 볼 수 있다. 성경 속 예수의 이야기는 아주 어린 시절과 공생애 사역 사이에 대한 기록이 전혀 없기 때문에 우리는 흔히 예수가 아버지 요셉의 목수 일을 돕는 생활만을 했을 거라고 여길 수 있다. 그러나 이것은 당시 유대 민족의 교육에 대해 전혀 이해하지 못하기 때문이다.

예수가 제자들을 처음 만나 "나를 따르라(Follow Me)"[65]라고 반복해서 말하는 것을 복음서를 통해 쉽게 접하게 된다. 하지만 이 장면에 대해

---

65 마 8:18; 9:9; 막 2:14; 눅 9:57; 요 1:43

깊이 생각해 보면, 처음 본 낯선 사람을 어떻게 믿고 갑자기 자신의 모든 것을 내려놓고 그를 따라갈 수 있었는지 의문을 품게 된다. 이런 상황을 이해하려면 유대 민족의 교육 시스템을 먼저 알아야 한다.

당시 유대에는 말씀을 잘 가르치는 '랍비(Rabbi, רבי)'라는 스승들이 존재했다. 특히 샴마이(Shammai), 가말리엘(Gamaliel) 같은 랍비들은 제자가 수백 명이나 있었다. 그리고 당시 이스라엘에서 태어난 아이들은 5세에서 10세 사이에 'Beit Sefer(House of Book, 책의 집)'에 가서 모세 오경(Torah, 토라)을 외우기 시작해 10세에는 외우기를 완전히 마친다.[66] 이것은 어린 예수를 비롯해 유대 소년들에게 흔한 일이었다. 현대인들에게는 불가능할 것 같아 보이지만, 기록 장치가 없던 고대의 사람들은 엄청난 기억력을 가지고 있었던 것을 간과해서는 안 된다. 현대에는 많은 기술의 발달로 인해 기억을 담당하는 뇌 부위가 점차 퇴화되고 있는 것이다. 예수는 이 시절 교육을 통해 토라를 암기하고 이해하며 점차 인문학적인 능력이 향상되었을 뿐 아니라, 내용을 정확하게 인지하고 파악하기 위해 노력하며 미래에 있을 상담에 관한 능력 또한 향상되었을 것이다.

이어서 10세에서 14세 사이에는 토라를 공부할 때 뛰어났던 남자아이들을 선별하여 'Beit Talmud(Oral Torah, 학습의 집)'에서 공부하게 하는데, 이때 여자아이들은 집에서 따로 부모의 가르침을 받기 시작한다. 이 과정에서 선별되지 못한 아이들은 가업(아버지나 어머니의 직업)을 잇게 된다. Beit Talmud에서 공부를 시작한 아이들은 토라와 더불어

---

66 Lois Tverberg, *Reading the Bible with Rabbi Jesus: How a Jewish Perspective Can Transform Your Understanding* (Grand Rapids, MI: Baker Publishing Group, 2018), Kindle Edition, Location 2203.

다른 성경들도 공부하게 된다. 그때부터는 암기만 하는 방식의 공부가 아니라 '질문'과 '토론'을 하기 시작한다. '하브루타(Havruta, חֲבְרוּתָא)'라는 말에는 '친구'라는 뜻이 있는데, 이 시기에 아이들은 토론과 질문을 통해 친구가 된다는 의미다.[67] 이러한 선별된 아이들이 모여 있는 분위기에서 끊임없이 대화하다 보면 상당한 사고력과 논리력을 키울 수 있었다. 상담의 과정에서 가장 중요한 것은 상대의 이야기를 주의 깊게 듣고 왜곡되지 않게 그대로 이해하여 적절한 피드백을 주는 일일 것이다. 예수는 어려서부터 상대와 논리적으로 대화하는 것을 훈련하였던 것이다.

이러한 배경을 통해 예수가 12세에 그의 가족과 예루살렘을 방문했을 때 회당에서 어른들과 토론을 했던 것을 이해하게 될 것이다. 그 이야기는 회당의 선생들이 어린 예수가 말씀을 해석하는 능력을 보고 깜짝 놀란 일에 대한 배경 이야기를 하고 있다.[68] 여기서 왜 어린 예수가 부모와 떨어져 홀로 있었는지 생각해 보면, 예루살렘에서 갈릴리까지 여정이 오래 걸리기도 하지만 그 행렬 또한 어마어마했던 것을 짐작할 수 있어야 한다. 당시에 온 가족들이 흠이 없는 양을 가지고 함께 예루살렘을 방문했던 것이다. 그 상황에서 예수의 가족뿐만 아니라 그의 친척들도 다 같이 그 행렬에 참여했을 가능성이 크다. 그래서 예수의 부모는 아마도 어린 예수가 혼자 있어도 그 행렬 가운데 있어서 다른 친척들과 이웃들에 의해 돌봄을 받으리라 생각했을 것이다. 그러나 한편으로 예수가 회당에 가서 사흘 동안 율법 선생들과 이야기했다면

---

67 Ann Spangler, Lois Tverberg, *Sitting at the Feet of Rabbi Jesus: How the Jewishness of Jesus Can Transform Your Faith* (Grand Rapids, MI: Zondervan, 2018), 28-29.
68 눅 2:41-47.

어린아이가 홀로 숙식을 해결하기 어려운 상황이었을 것이다. 그러나 이것 역시 유월절 문화에 대해 이해해야 하는데, 유월절에는 서로 모르는 사이라도 식사를 제공하고 재워 주는 것이 자연스러운 일이었다. 그래서 어린 예수가 숙식을 해결하는 데 큰 어려움이 없었을 것이라 추정할 수 있다. 그리고 다시 부모인 요셉과 마리아가 예수를 나사렛으로 데려가기 위해 찾아왔을 때 회당의 선생들은 아마도 예수의 부모에게 뛰어난 어린 예수가 예루살렘에서 좋은 랍비에게 배울 수 있게 하라고 제안했을 수도 있었을 것이다. 사실 성경에는 예수의 행적이 전체적으로 나오지 않기 때문에 그 안에 세부적인 사건을 자세히 연구할 때 상황을 더욱 풍성하게 이해할 수 있는 것이다.

그리고 아이들이 14세에서 18세가 되는 시기에 'Bet Midrash(연구의 집)'에 들어가서 랍비 밑에서 공부를 시작하게 된다. 당시 유대 아이들에게 훗날 자라서 되고 싶은 것을 물으면 대부분 랍비라고 대답했을 것이라 한다. 왜냐하면 그들이 유대에서 가장 존경받았기 때문이다. 그러나 Bet Midrash에서 공부하게 되는 뛰어난 학생들은 지극히 소수였다. 그리고 18세부터 12년 동안 스승인 랍비를 쫓아다니면, 랍비가 제자를 인정해 줄 때 비로소 30세가 되어서 랍비가 될 수 있다.[69]

랍비가 되면 랍비의 권한으로 그도 그의 제자를 삼을 수 있게 된다. 그때 관용어가 바로 예수가 제자들에게 했던 것과 같은 "나를 따르라"였던 것이다. 바로 이 말이 일종의 랍비의 제자가 될 수 있는 입학 허가서를 정식으로 받게 되는 상황이었던 것이다. 또한 이 랍비에게는 성경 해석의 권위가 부여되었다. 그래서 그 권위를 '멍에(yoke)'라고

---

69 Gary M. Burge, *Jesus, the Middle Eastern Storyteller* (Zondervan Academic, 2009), 29.

표현하기도 했었다.[70] 그것은 성경을 철학적으로 또는 해석학적으로 바라보는 것을 의미했다. 예수도 공생애 기간에 구약을 자주 인용하였던 것을 볼 수 있다. 예수가 상담을 위해 사용하던 많은 지식적인 부분들은 성경을 가지고 올바르게 해석하고 훌륭하게 적용할 수 있었기에 가능했던 것이다. 예수는 인간적으로 타고나거나 초자연적인 능력을 통해 상담을 해낸 것이 아니라, 개인적인 열정과 노력을 통해 인간적인 상담 기술을 향상시켰던 것이다. 이후에 예수가 자신의 멍에를 메라고 하거나 자신의 멍에는 가볍다고 말했던 이유는 제자들에게 자신이 하는 성경 해석의 권위를 준다는 의미였다. 이는 우리식으로 이해하자면 졸업장을 의미한다고 볼 수 있다. 이렇게 스승인 예수의 모습을 그대로 따라가는 삶이 당시 예수의 제자들의 삶이었던 것이다. 그리고 사람들이 예수를 부를 때 실제 랍비라는 표현을 썼었고, 이것은 통용되던 희랍어 용어였으며 오늘날 '법학박사(Doctor of Law)' 정도로 번역될 수 있다. 이 말은 랍비 중에서 가장 훌륭한 랍비라는 의미였다. 그러니 유대 민족에게는 당시 예수라는 존재가 그저 목수의 자녀라는 이미지에만 국한되지 않고, 학문적으로도 훌륭하고 높은 수준의 존재로 인정받았음을 알 수 있다.

중요한 것은 당시에 예수의 제자들이 예수를 따르기 전에 자신들의 가업에 전념하고 있었던 이유가 이전 랍비 선발에서 떨어졌기 때문이었다는 점이다. 따라서 예수가 랍비 선발에서 떨어진 이들을 선택해서 제자로 삼았다는 이야기는 우리가 쉽게 이해하는 수준보다 사실 더 감동적인 장면이었던 것이다. 또한 당시 갈릴리 지역 기록을 보면, 갈릴리 지역은 랍비들이 많이 모여 있던 지역이었으며 랍비들을 따라

---

70 마 11:29-30.

공부하는 지역이었다고 기록되어 있다. 그래서 예수가 세례를 받고 곧바로 갈릴리로 갔던 이유는 그곳에 토라를 사랑하는 이들이 많았기 때문이었다고 이해할 수 있다. 그리고 예수는 제자들을 부를 때 높은 수준의 랍비들을 부른 것이 아니라 당시에 낙오된 사람들을 불렀던 것이다.[71]

1세기의 유대는 성경 지식으로 가득한 사회였다. 그래서 평범한 사람도 지역 회당에 모여 경건하게 토라를 공부했다. 회당은 예루살렘 성전에서 제사 드리는 것이 불가능했던 바벨론 포로 기간에 생긴 제도였다. 회당은 유대인이면 남녀노소를 막론하고 삶의 구심점이었다. 안식일마다 회중 가운데 한 사람이 성경을 낭독하고 그 구절을 강해했다. 특히 예수처럼 당시 지역을 방문한 재능 있는 랍비가 있다면 그에게 강론을 요청했었다. 1세기 초에는 단지 교육받은 소수뿐 아니라, 많은 이들이 신앙을 실천하고 가르치는 일에 관여했다.

> 제2 성전기와 그 후대에 토라 공부는 유대인 삶의
> 특징이었다. 토라 공부는 단지 학교나 회당의 공적 환경이나
> 현자들에게 국한되지 않았고 평범한 유대인의 삶에서도
> 필수 불가결한 요소였다. 잠시라도 짬이 날 때마다 수시로
> 토라를 공부했다.... 집집이 야밤에 토라 배우는 소리가
> 흘러나오는 것은 흔한 풍경이었다.
> 할례나 혼인 같은 경사로 사람들이 모일 때면 어김없이
> 한편에 따로 모여 율법 공부를 하는 무리가 있었다.[72]

---

[71] Ann Spangler, Lois Tverberg, *Sitting at the Feet of Rabbi Jesus*, 27.

[72] Shmuel Safrai, Menahem Stern, eds. *The Jewish People in the First Century* (Brill Academic Pub, 1988), 968.

예수 시대에 랍비는 부유층이나 제사장 계급이 아닌 대부분 일반인 출신이었다. 그들 중에는 대장장이, 재단사, 농부, 가죽 세공사, 신발 제작자, 나무꾼, 목수도 있었다고 한다. 많은 이들은 생업이 한가로운 철에 몇 개월 동안 여행하며 가르쳤다. 랍비들은 토라를 해석하고 성경을 강해하고 비유를 들려주었다. 방방곡곡 다니며 회당에서 가르치는 이들도 있었는데, 그들은 타인의 손 대접에 의존했지만 금전적인 보상은 일절 받지 않았다. 랍비들은 수년간 문하에서 지도받으며 공부할 제자들을 받아들였고 어디를 가든 제자들과 동행했다. 수업은 포도원, 시장, 강가, 들판에서 진행되었다.[73]

이런 배경에서 누가복음은 예수가 공생애 시작 전부터 여러 회당에서 가르치셨다고 말하고 있다.[74] 이 사실이 중요한 이유는 유대적 현실에 비추어 볼 때 우리에게 예수에 관해 두 가지 단서를 제공하기 때문이다. 첫째로 예수는 당대 기준으로 상당한 학식을 갖춘 분이었음이 분명한데, 만약 그렇지 않았다면 절대 회당에서 가르쳐 달라는 요청을 받지 못했을 것이기 때문이다. 그를 가장 비판하던 이들도 예수의 학식에 관해서 의문을 제기하진 않았다. 그리고 둘째로 예수는 토라를 지키는 사람이었음이 틀림없다. 만일 토라 준행자가 아니었다면 회당에서 강론은커녕 참석조차 금지되었을 것이기 때문이다.[75] 따라서 예수는 당시 유대 사회의 핵심 구성원으로서 랍비들 사이에 진행되었던 수준 높은 대화에 고도의 기여를 했던 것이 분명해 보인다.

---

73 Safrai, Stern, *The Jewish People in the First Century*, 965.

74 눅 4:15.

75 Craig A. Evans, William H. Brackney, *From Biblical Criticism to Biblical Faith: Essays in Honor* (GA: Mercer Univ. Press, 2007), 41-54.

예수는 랍비의 전통적인 임무, 즉 전문적인 교사가 되는 임무를 완수했다.[76] 무리를 가르치는 것과 더불어, 랍비의 가장 큰 목표는 자신의 가르침을 계승할 제자 양성이었다. 제자 양성은 단순히 타인의 뇌 속으로 방대한 데이터를 이전하는 학문적 차원의 활동이 아니었으며, 성경 지식이 중요하긴 해도 더 중요한 것이 있었다. 그것은 바로 랍비의 도덕적 인품이었다. 랍비의 사명은 하나님의 말씀을 삶에 적용하는 것이 무엇을 의미하는지 생생한 삶의 실례로 보여주는 것이었다. 제자가 랍비를 따르며 수련받는 이유는 그가 성경으로 충만하고 진실하게 하나님을 따르며 도덕적으로 바른 인품을 소유했기 때문이었다. 그래서 랍비의 제자들은 성경뿐만 아니라 랍비의 삶을 통해 성경의 본문을 공부하길 원했다. 이것이야말로 토라를 삶으로 살아내는 법을 배우는 현장이라 말할 수 있는 것이다. 제자는 스승의 지식을 얻는 것 이상으로, 하나님의 율법을 내면화한 스승의 성품을 습득하길 원했던 것이다. 이것은 상담가가 결코 간과해서는 안 되는 중요한 부분이 바로 도덕적인 인품임을 강조하고 있다. 상담가가 내담자의 마음을 열고 신뢰를 얻으려면 안정감을 줄 수 있어야 하는데 성품을 타고나지 않으면 아주 오랜 시간 훈련을 받아 인품을 갖추어 나가야 한다. 예수는 제자들에게 모범이 될 수 있는 준비된 상담가의 모습을 지녔음을 알 수 있다.

---

[76] Binford Winston Gilbert, *The Pastoral Care of Depression* (NY: Routledge, 1998), 78.

2. 예수의 상담 방법 분석: 진정한 내러티브

오늘날 예수는 최고의 상담가로 확인되었으며, 그는 시대를 초월하는 유용함을 잘 알고 있었다. 당시 사람들과 동일하게 삶을 영위하며 공감할 수 있었고, 성경 말씀을 지향했으며, 대화하는 동안 누구에게도 강압적이거나 판단하지 않았다. 또한 그는 당시 유대인들과 다르게 사람들에 대해 낙관적인 태도를 지녔다. 그는 진리의 자유로운 힘을 믿었다. 때론 난처한 상황들을 극복하는 지혜가 있었으며 힘에 의해 조종당하는 것을 피했다. 그는 상황을 간파하고 해석하는 능력이 뛰어난 동시에 항상 일관성이 있었다. 그는 자신의 궁극적인 목적을 언제나 소중히 여겼다. 그는 자발적인 상담가였으며, 높은 수준의 훈련을 받았다. 또한 사회적으로 잘 발달했고 종의 정신을 본받았다. 상담가로서 그는 감정이 풍부한 사람이었다. 그 과정에서 언제나 개인의 책임을 가르쳤으며, 개인의 선택의 자유를 믿었다. 그리고 대상을 치유하기 위해 그가 있는 곳으로 직접 나아갔으며, 영적인 것을 더 중요하게 여겼다. 이제부터 이러한 예수의 상담 방법에 대해서 살펴보도록 하겠다.

1) 질문에 의한 정보 수집

인간의 연약함을 긍휼히 여기는 예수가 사역의 모델이기에 우리 역시 내담자들을 잘 섬기기 위해 진심으로 그들을 이해해야 한다. 우리도 그들의 세계에 들어가는 것에 헌신해야 한다. 이는 좋은 질문을 던지는 것으로 시작할 수 있으며 그들의 이야기를 잘 들을 때 가능하다. 우리가 바라는 것은 그들이 우리를 찾고 고통을 나눔으로써 삶 속에서 예수 그리스도와의 관계를 회복하는 것이다. 내담자의 세계에 들어가는 것은 우리가 복음의 진리를 가지고 개인의 특정한 상황 가운데 들어가서 그것을 적용할 수 있게 한다.[77]

상담에서 다음과 같은 실수를 하지 않도록 반드시 주의해야 하는데, 적절한 정보를 모으기 전에 내담자의 문제를 해석하는 것이다. 이러한 행동은 그들이 문제에서 해방되도록 돕는 것이 아니라 오히려 고통을 가중시킨다. 지혜로운 사람은 먼저 지식을 찾고 얻는다. 추정이나 짐작, 상상이 아니라 지식이다. 그리고 그 지식은 반드시 사실과 연결되어야 한다.[78] 그렇기 때문에 예수는 자신의 상담에서 '질문'과 대화를 통해 상대방이 직접 생각하고 판단할 수 있도록 유도하는 기술을 종종 사용했다는 것을 알 수 있다. 때로는 상대방이 스스로 문제를 인식하고 해결할 수 있도록 돕는 것이 목적이기도 하다. 예수가 사용한 질문 기술 중 하나는 대상의 개인적인 이야기와 연결시키는 것이었다.

예를 들어, 수가성 여인이 제시한 질문에 대해 예수가 대답할 때 그녀와 관련된 개인적인 이야기를 시작한다. 그는 상담에서 대상마다 맞춤형 접근 방식을 사용했고, 사람마다 고유한 요구 사항과 상황이 있음을 인식했다. 예수는 그녀의 삶에 대해 대화했고, 특정한 상황과 관련된 영적인 인도까지 제공했다.[79] 이렇게 함으로써 예수는 상대방의 이해를 돕고, 대상의 개인적인 이야기와 연결 지으며 상대방이 자신의

---

[77] Paul Tripp, op. cit., 168.
[78] Wayne A. Mack, *Taking Counselee Inventory: Collection Data* (Nashville: W Publishing, 1994), 210.
[79] 요 4:1-26.

문제에 대한 책임감을 느끼도록 만든다. 또한 예수는 상담 상황에서 상대방의 진정한 의도와 감정을 파악하려고 노력했다. 그는 대상들이 진정으로 원하는 것이 무엇인지 파악하고 그들에게 적극적으로 질문을 하면서 이를 인성의 영역에서 이해하려 노력했다. 이러한 접근 방식은 상대방의 마음을 다루는 상담에서 매우 중요한 것이다.

예수는 더 나아가 상담 상황에서 상대방에게 주의 깊게 집중하면서 그들의 감정을 이해하려 노력했다. 마가복음에서는 맹인 바디매오가 예수께 부르짖어 도움을 구했을 때, 예수는 그가 원하는 것이 무엇인지 직접 물어보면서 그의 감정을 파악했다.[80] 이렇게 상대방에게 주의를 기울이고 그들의 감정을 이해하려는 노력은 상담에서 상대방과의 관계를 더욱 강화한다. 이런 상황에서 예수의 신적 능력에 대해 스스로 자기 제한을 둠으로 그들에게 머물러 그들의 내면을 다룬 것은 오늘날 상담가인 우리에게 먼저 본을 보이기 위한 것이라 할 수 있다. 우리 역시 예수와 같은 상담을 할 수 있다고 말씀하시는 것이다. 예수는 언제나 그들을 위한 목표와 계획을 세우기 위해 제자들에게 질문을 하였다. 이를 통해 예수의 제자들은 자신의 미래를 생각하고 자아 개발에 대한 계획을 세울 수 있었다.

또한 예수는 많은 사람이 시대 문화적으로 자아 수용 문제를 겪고 있다는 것을 인식하고, 그들이 자신을 용서하고 받아들일 수 있도록 도와주는 상담을 하였다. 이를 통해 자아 수용에 대한 이해와 대처 방법을 제시하고 있다. 그리하여 질문을 받는 내담자는 자신의 의견을 돌아보고 스스로 사고와 신념을 형성하도록 도움을 받게 되었던 것이다.

---

80 막 10:46-52.

예수의 질문은 '수사학적 질문', '강조를 위한 질문', '답변을 이끄는 질문'의 형태로 나타난다.[81]

2) 비유를 통한 상황의 재해석

예수의 상담 기술 중 두 번째로 분석할 점은 이야기와 '비유'를 통한 인식이라 할 수 있다. 우리는 복음서를 통해 예수가 자주 이야기와 비유를 사용하여 사람들의 이해를 돕고, 깊이 있는 생각을 유도했음을 쉽게 알 수 있다. 이러한 이야기와 비유는 사람들이 추상적인 개념을 쉽게 이해하고, 더 깊이 있는 생각을 하도록 돕는 효과가 있다. 따라서 현대 상담에서도 이야기와 비유를 활용하는 것은 매우 효과적인 방법 중 하나라고 생각된다. 예수의 공생애 시절인 1세기는 이야기와 비유의 시대였다. 예수는 이야기와 비유의 세계에서 살았고, 그 능력 때문에 사람들에게 잘 알려졌었다.[82] 그렇기에 당시에는 말과 행위가 사상과 교훈을 전하는 주요한 방법이었던 것을 간과해서는 안 된다.

예수는 말씀 지향적이었다. 요한복음에서 요한은 메시아의 영원한 말씀의 본질에 중점을 두며 말씀을 기술한다(요 1:1-18). 요한의 목적은 예수가 말씀으로 특징지어지는 다양한 의미를 탐구하는 것이 아니었다. 요한복음에서 중요한 것은 성경이 하나님을 언어의 근원(창 1-2장)으로, 그리고 인류에게 말로써 소통하는 존재로 보여준다는 사실이다. 생각·행동·감정은 인간의 마음을 구성하는 반면, 말은 변함없이 다른 사람의

---

81 Robert H. Stein, *The Method and Message of Jesus' Teaching* (Louisville, KT: Westminster John Knox Press, 1994), 23-24.

82 Gary M. Burge, *Jesus, the Middle Eastern Storyteller*, 15.

이해를 위해 해석되는 매체다. 아울러 우리가 심리 치료 과정에서 말에 의존해야 한다는 것을 알아야 한다. 또한 효과적인 상담가는 언제나 훌륭한 소통가(communicator)여야 한다. 상담은 소통이라고 할 수 있기 때문이다. 그렇기에 예수의 비유를 통한 전달 방법은 말씀을 내담자들에게 이해시키는 좋은 소통의 방법이었다고 볼 수 있다.

예수는 사람들과 대화하며 그들의 문제를 다룰 때 절충적인 접근 방식을 사용한 것으로 보인다. 그가 필요에 대한 해석 측면에서 개입 방식을 다양화한 것은 분명했다. 그러나 특히 예수가 자신의 현실을 직시하는 것을 피하려고 시도하는 사람들에게 얼마나 자주 직면하게 만드는 접근 방식을 사용했는지 보는 것은 흥미롭다(요 4:16-18; 6:26-27). 그 상황으로 자신이나 예수에게 정직하지 않고 충격을 받아 심각한 상황을 직시해야 했던 사람들도 있었고(요 8:44), 따라야 할 과정에 대해 매우 친절하고 사랑스러운 전달이 필요한 사람들(요 5:14), 그리고 마지막으로 심각한 오류를 범할 위험이 있고 예수로부터 분명한 용어로 경고를 받아야 할 필요가 있는 사람들이 있었다(요 13:38). 그런 예수에게는 항상 기준과 말과 행동 사이에 완벽한 일관성이 있었다. 그러다 보니 예수를 공격하던 이들도 예수의 말을 받아들일 수 밖에 없었던 것을 자주 보게 된다(요 8:46). 또한 예수는 자신이 가르치고 행한 모든 것이 공개되었으며 은밀히 행해진 것이 없다고 주장했다(요 18:20). 자신의 신념이나 기준과 일치하지 않는 것은 사람으로부터 정신적인 문제가 발생하며, 정신 건강의 주요 문제가 될 수 있다. 따라서 상담가인 예수는 내담자가 바라볼 때 언제나 일관성이 있고 신뢰할 수 있는 진실한 모습일 수 있었다.

또한 예수는 문제 상황을 재해석하는 능력을 지녔다. 예수가 제자들에게 한 가르침 중 일부는 '자극을 재해석한다'는 심리학적 개념과 일치한다. 예를 들어 마태복음 5장 38-48절에서 폭력이나 적대적인 존재에게 어떻게 대응해야 하는지에 대한 그의 관점을 참조하면 이해가 쉽다. 그는 즉각적인 자극(단어, 행동, 기분, 태도) 뒤에 숨어 있는 동기나 원인을 이해하려고 노력했던 것이다. 그 노력들로 인해 예수의 상담은 더 만족스럽거나 더 적절한 방식으로 응답할 수 있는 기회를 얻을 수 있었다. 그리고 이 과정이 완료될 때까지 사람들 사이의 상호 작용은 강력한 힘을 보이기 시작했다. 자극을 재해석함으로써 내담자의 필요에 최선의 관점에서 응답할 수 있게 되는 것이다. 그것은 때로 사람들이 당연하게 생각하는 것을 뒤집을 수 있는 일이었다.

그것의 좋은 예시는 베드로가 반복적으로 예수의 제자임을 부인한 후에 예수가 베드로를 다시 만나는 모습이다(요 21:15-17). 베드로가 예수를 실망시켰지만, 예수는 베드로를 사도로 복귀시키고 "자신의 양을 먹이라"는 사명을 주었다. 넓은 의미에서 예수는 일반적으로 사람들을 대할 때 늘 이 원칙을 사용했다. 사람들이 예수를 배척하고 그의 죽음을 요구했음에도 불구하고 그들을 위하여 기꺼이 희생하였고 (행 3:14-17), 십자가에 달리는 중에도 그들의 용서를 구하는 성숙한 모습을 보였다(눅 23:34). 예수의 죽음과 부활 후에 일시적으로 그를 거부했던 많은 사람이 사도들의 가르침을 통해 그를 믿게 되기를 소망했기 때문이다(요 17:20-21). 대인 관계 갈등에서 힘과 권력은 파괴적이고 즉각적인 자극만을 남길 뿐이지만, 예수는 그 자극들을 재해석해 더 건설적인 미래를 꿈꾸고 대답을 제공하는 통찰력과 의지가 있었기에 이전에 경험할 수 없던 차이를 만들 수 있었다.

3) 자비와 용서의 관점

예수의 상담 기술에서 시대적으로 가장 두드러지는 윤리적 요소는 '자비'와 '용서'라고 볼 수 있을 것이다. 예수는 어떤 사람이든 그들의 행동과 상황에 대한 이해와 용서의 마음을 갖추고 있었으며, 그것을 팔레스타인 사람들이 깨달을 수 있도록 가르쳤다. 1세기 팔레스타인의 유대 문화는 가부장적이었고, 억압적인 로마 제국의 통제와 명령 아래 있었다. 하지만 예수의 삶과 가르침에 대한 복음서의 설명은 반문화적이 되려는 예수의 의지를 나타낸다. 그는 로마 당국이든 당시의 종교 전문가이든 권력에 기꺼이 맞섰다. 우리가 감히 이 이야기에 21세기 가치관을 강요할 수는 없지만, 예수에 대한 복음서의 이야기는 그의 비전이 부분적으로 당시 떠돌이 랍비들에게 기대되었던 것과 모순되었고, 성별과 소외된 몸에 관한 그리스 로마 문화의 규칙과도 확실히 모순되었다는 것을 반영한다.[83]

예를 들어, 예수는 당시 환자나 죄인들과 상호 작용할 때 전혀 비난하지 않고 오히려 그들의 상황과 고통을 이해하고 자비를 베푸는 태도를 보였다. 당시 시대 문화로 볼 때 이들은 율법적으로 비난받아 마땅했지만, 단 한 번도 그렇게 바라보지 않았다. 예수는 관계 상담에서 갈등이나 불화를 해소하는 방법에 대해 다루기도 했다. 예를 들어, 서로가 누가 잘못했는지를 찾기보다는 각자 자신의 잘못을 인정하고 용서하는 것이 중요하다고 말한다. 서로를 존중하고 사랑하는 마음으로 대화하고 상황을 해결해 나가야 한다는 것을 강조했다. 그는 하나님이

---

83 Beverly Dale, Rachel Keller, *Advancing Sexual Health for the Christian Client* (NY: Routledge, 2019), 46.

우리를 용서해 주신 것처럼, 우리도 서로를 용서하고 자비롭게 행동해야 한다고 가르쳤다. 이러한 그의 자비와 용서의 태도는 상담가로서도 매우 중요하다. 상담가는 상대방의 고통과 어려움을 이해하고 그들을 비난하지 않으며, 오히려 긍휼한 마음으로 접근하여 그들을 돕는 것이 필수적이기 때문이다.

그렇기에 예수는 사람을 판단하지 않았던 것이다. 수년 동안 상담을 가르치면서, 상담의 가장 어려운 측면 중 하나는 목회자들이 판단을 보류하는 법을 배우는 것임을 깨달았다. 대부분의 인간적 경향은 모든 상황에서 자신이 어떤 것에 찬성하는지 반대하는지, 어떤 것이 좋은지 나쁜지, 문제의 대상을 좋아하는지 싫어하는지를 결정해야 한다고 느낀다. 인간이 판단하는 경향을 가졌다는 것은 일리노이 대학에서 잘 알려진 연구에서 문서화되었으며, 많은 사람이 단어의 의미가 대부분 주관적으로 평가한 이미지라는 것을 입증했다.[84] 예수는 사역 초기에 자신이 세상에 온 것은 사람을 심판하러 온 것이 아니라, 살리려고 왔다고 분명하게 말했다(요 3:17). 그것은 판단하거나 정죄하기보다 치유하려는 의도를 보여주며, 간음하다 현장에서 잡혀서 끌려온 여인을 대하는 예수의 모습을 예로 들 수 있다. 예수는 그녀를 고발하는 사람들에게 그들의 개인적인 죄를 상기시켰고 그녀가 희생양이 되도록 하려는 것에 대한 그들의 분노를 식히게 한 후, 그녀에게 다시는 죄를 짓지 말라고 격려한다. 거기서 중요한 것은 그녀를 정죄하지 않는다고 그녀에게 말했던 것이다(요 8:1-11). 예수는 도덕적, 윤리적 문제에 대해 자신의 입장을 항상 분명히 했지만, 사람들을 정죄하지 않았고 그들을 이해하고 싶은 사람으로 여기며 다가갔다.

---

[84] Charles E. Osgood, George J. Suci, and Percy H. Tannenbaum, *The Measurement of Meaning* (Urbana: University of Illinois Press, 1957).

왜냐하면 예수는 목적을 소중히 여겼기 때문이다. 프랭클(Frankl)은 "살아야 할 이유가 있는 사람은 거의 모든 상황을 견딜 수 있다"[85]라는 말을 인용했다. 그는 설문 조사에 응한 사람의 89%가 사람이 살기 위해서는 무언가 필요하다고 답한 연구에 주목했다. 또한 조사에 응한 사람 중 61%는 자신의 삶에 매우 중요한 사람이나 물건을 위해 기꺼이 목숨을 바칠 수도 있다고 인정했다고 했다. 그리고 그는 약 48개 대학을 대상으로 한 연구를 인용했는데, 연구에서 참여 학생의 78%가 인생의 첫 번째 목표는 목적과 의미를 찾는 것이라고 답했다.[86] 그와 마찬가지로 예수는 자신의 개인적인 죽음이 그의 사명을 성공적으로 완수하기 위한 과정의 일부임을 이미 알았다(요 3:14-15; 8:28; 12:32-33). 그는 자신이 다른 사람의 손에 의해 억지로 죽지 않을 것이며, 그것은 자신의 선택이며 자신의 대의가 요구하기 때문에 자발적으로 그렇게 행동할 것을 보여주었다(요 10:17-18, 27-28). 또한 예수는 자신의 제자들에게 자신을 따르면 결국에는 죽음에 이를 것임을 분명히 했었다(요 15:20; 16:1-3).

그러나 예수의 관점에서 볼 때 가장 중요한 문제는 사람이 어떤 이유로 고통을 받아야 한다는 사실이 아니라, 많은 사람이 육체적 생명 자체를 가장 우선한다는 사실이었다(요 12:24-25). 그리스도를 따르는 자로서 목표를 달성하는 과정에서 모든 시련이나 고통을 받아들이는 사람들은 이후에 뒤따르는 보상이 클 것임을 확신했었다(요 12:12-26). 예수의 주장대로 진심으로 목표를 이룰 때까지 어떤 시련이 닥쳐도 자신의 목적을 지키는 자에게는 큰 기쁨이 있다. 히브리서의 저자는 십자가 너머에 기대되는 기쁨으로 예수가 어떻게 십자가를 향해 이끌렸는지 보여주며,

---

85 Viktor Frankl, *Mans Search for Meaning* (New York: Simon and Schuster, Inc., 1984), 9.
86 Ibid., 105.

예수의 모범을 통해 그를 따르는 사람들도 마찬가지로 흔들리지 않을 것을 격려하고 있다.

> 모든 무거운 것과 얽매이기 쉬운 죄를 벗어 버리고
> 인내로써 우리 앞에 당한 경주를 하며 믿음의 주요 또
> 온전하게 하시는 이인 예수를 바라보자 그는 그 앞에 있는
> 기쁨을 위하여 십자가를 참으사 부끄러움을 개의치
> 아니하시더니 하나님 우편에 앉으셨느니라
> 너희가 피곤하거나 낙심하지 않기 위하여 죄인들이 이같이
> 자기에게 거역한 일을 참으신 이를 생각하라. (히 12:1-3)

예수는 분별력 있는 상담가였다. 상담가는 내담자의 감정, 필요, 해결책 및 경험을 분리하여 유지할 수 있을 만큼 자신에 대한 충분한 통찰력을 가지고 있어야 한다. 그렇기에 상담가가 자신과 내담자 사이의 유사점을 파악하기 시작할 때 이를 위해 특별한 주의를 기울이게 될 것이다. 그러다가 내담자와의 분리를 유지하기 매우 어려운 지점에 도달하면 내담자를 다른 치료사에게 소개하기도 한다. 그러나 이와 달리 충동적인 상담가는 자신의 개인 문제와 내담자의 문제를 섞어서 도움을 받는 사람이 누구인지 불분명해지는 실수를 범하기도 한다. 그런 면에서 예수는 확실히 분별력 있는 조언자였다. 자신의 사명과 관련하여 그는 자신의 영광과 그를 보낸 하나님의 영광을 분별할 수 있었다(요 7:18). 다른 사람들과 관련하여 그는 양들의 유익을 위해 목숨을 버리는 '선한 목자'였다(요 10:11). 그러나 '충동적인' 목자는 위험에 직면하면 아주 쉽게 양을 버릴 것이다(요 10:12-13).

4) 탁월한 공감 능력

당시 예수는 사람들에게 정말 필요한 존재로 여겨졌다. 그에게는 '네가 찾는 도움을 줄 수 있는 사람이 바로 여기 있다'는 생각으로 사람들을 놀라게 하는 식별할 수 있는 무언가가 있었다. 요한의 제자들이 예수와 접촉하게 되었을 때 그들은 즉시 '선생님'을 의미하는 '랍비'라는 용어를 사용했다(요 1:38). 또한 그의 태도와 가르침은 너무나 감동적이어서 가는 곳마다 곧 엄청난 무리가 그를 따랐다(요 6:1-2). 그리고 군중들은 예수를 경험한 뒤 그를 다시 찾았다(요 6:22-25). 결국 예수의 명성과 인기가 너무 높아져 예루살렘의 종교 및 정치 지도자들에게 정치적인 문제를 제기하기 시작했다. 예수는 자신의 도움이 필요하고 원하는 사람들에게 자신을 언제나 제공했다. 그는 그들 가운데 존재함으로 그렇게 했다. 요한은 공공 거리에서(요 1:35-39), 혼인 잔치에서(요 2:1-10), 길가의 우물가에서(요 4:3-26), 바닷가에서(요 6:1-14), 성전에서(요 8:1-11), 개인 집에서(요 12:1-3), 그리고 사람들이 있는 곳마다 그들 가운데 존재하는 예수를 발견할 수 있었다고 증언한다. 도움이 필요한 사람들이 언제나 그에게 다가갈 수 있도록 예수는 늘 열려 있었다. 또한 그는 필요에 따라 자신이 도왔던 사람들을 뒤따르기도 했다. 사마리아 여인을 만난 후 그가 그녀와 그녀의 도시 사람들을 위해 사역하려고 이틀 동안 그곳에 머물렀던 것을 보게 된다(요 4:40).

공감은 치료적 맥락의 또 다른 주요한 요소다. 이것은 치료적 관계에서 보듬어 주는 측면과 담아내는 측면에 기여한다. 또한 공감은 의사소통의 양면적인 도구다. 공감은 내담자를 깊이 그리고 세밀하게 이해할 수 있는 수단을 제공한다. 그리고 상담가의 공감적인 말은 조용하게 해석적인 기능을 수행한다.[87] 예수는 상담 대상자가 말하는 내용을 적극적으로 청취하고, 그들이 느끼고 있는 감정에 공감하는 능력이 뛰어났다. 이러한 능력은 예수가 상담 대상자의 심리 상태와 문제를 깊이 이해하며, 그들의 진정한 필요와 욕구를 파악하는 데 큰 도움이 되었다. 또한 예수는 상담 대상자들의 불안, 고민, 걱정 등을 이해하고 공감하는 것을 통해 상담 대상자들이 마음의 안정을 되찾을 수 있도록 도와주었다. 예를 들어, 베드로가 예수를 부인한 후, 예수는 베드로의 심정을 이해하고 그를 위로하며 도와주었다.[88] 이와 같은 인간적 이해와 공감은 상담 상황에서 상대방과의 신뢰 관계를 형성하고 문제를 해결하는 데 큰 도움이 된다.

예수는 자신의 상담에서 상대방에 대한 관심과 애정을 보여주는 것으로 알려져 있다. 성경에서 예수는 가난한 사람들, 세금 관계자, 여인들, 죄인들 등에게 말하며 그들을 돌보고 위로하였다. 또한 이들을 따뜻하게 대하며, 그들의 필요를 이해하고 그들과 함께하였다. 이러한 태도는 예수의 인간성과 사랑으로부터 나온 것이며, 상대방의 마음을 편안하게 하고 신뢰를 쌓을 수 있는 기초를 마련한다. 또한 예수는 사람들의 스트레스와 불안에 대한 상담도 많이 하였다. 예를 들어 마태복음 6장 25절에서는 "그러므로 내가 너희에게 말하노니 어떤 것을 먹을 것과 무엇을 마실 것과 너희 몸에 입을 것을 인하여 염려하지 말라. 몸이 음식보다 더 중하지 아니하며 몸이 옷보다 더 중하지 아니하냐?"고 말했다. 또한, 마가복음 4장 38절에서는 예수는 바람과 물결에 휩쓸리는 배에서 자고 있던 제자들을 깨워서 "너희가 어찌하여 두려워

---

[87] N. Gregory Hamilton, 「대상관계 이론과 실제」 김창대 역, (서울: 학지사 2007), 263.
[88] 요 21:15-17.

하느냐, 믿음이 없느냐?"고 물었다. 이처럼 예수는 믿음과 신앙을 바탕으로 스트레스와 불안에 대처하는 방법을 가르치는 상담을 생활에서 늘 실행하였다.

그는 삶의 모든 영역에서 사람들과 공감할 수 있는 능력을 가지고 있었다. 그것이 가능했던 이유는 그가 수많은 인생의 경험을 했기 때문이었다. 그는 때때로 자신의 친가족과 대조를 이루는 분위기에서 자랐다(요 7:1-5). 아마도 그 자신의 육신의 가족들과 친척들이 예수와 예수의 주장을 거부했을 것으로 보인다(요 1:11). 또한 그는 가장 가까운 친구와 제자들의 상당한 동요를 다루어야 했고(요 18:25-27), 그들 중 한 명이 결국 그를 배반했다(요 18:2-13). 그는 인간으로서 피곤하고 목마른 것이 무엇을 의미하는지 잘 느꼈으며 알고 있었다(요 4:6-7). 히브리서 기자는 예수가 어떤 인간적인 문제나 시련도 피하지 않았다고 말한다. 왜냐하면 그것은 예수가 곤경에 처한 사람들의 구조자가 될 수 있도록 그가 인류와 동일시되는 데 중요한 부분이었기 때문이다(히 2:14-18). 예수가 인간의 조건을 이해한 정도에 대한 요약은 요한에 의해 다음과 같이 표현된다.

이는 친히 모든 사람을 아심이요
또 사람에 대하여 누구의 증언도 받으실 필요가 없었으니
이는 그가 친히 사람의 속에 있는 것을 아셨음이라. (요 2:25)

상담가는 내담자의 변명에 동정적이 되거나 내담자의 행동에 대한 책임을 짚어 주지 않을 때 상담에 실패할 수 있지만, 진정으로 그들을 긍휼히 여긴다면 실패하지 않을 수 있다. 실패하는 것이 동정(Sympathy)

이라면, 실패하지 않는 것은 공감(Empathy)이다. 단순히 마음만 약한 상담가를 만나는 것은 내담자에게 가장 은혜롭지 못한 일이다. 내담자에게 가장 친절한 공감의 자세는 그에게 진실을 말하고, 죄를 직면하도록 도우며, 그가 상황을 바로잡고 변할 수 있도록 격려하는 것이다.[89] 그렇게 예수는 자신을 찾아온 병들고 불안한 사람들에게 설교하지 않고 그들을 고쳐 줬으며, 그런 다음 이것이 그에게 무엇을 의미하는지, 그리고 하나님과 그들 자신의 관계에 대해 스스로 결론을 내리게 했다.[90]

5) 사랑의 신학적 관점

무엇보다 예수는 사람들을 사랑했다. 예수는 사람들에 대한 진정한 사랑과 관심을 가지고 있었다. 그의 삶에서 정말 중요했던 메시지 중 하나는 '이웃을 자기 몸과 같이 사랑하는 것'이었다(마 22:37-39). 그는 사람들의 유익을 위해 살았던 선한 목자였다. 상담 기술을 경험한 사람들은 상담가와 내담자 사이가 무엇보다 사랑하는 관계가 되어 봉사하는 것이 가장 이상적이라고 말한다. 상담가가 내담자에 대한 오래되고 숨겨진 사실을 파헤치는 데에 용기를 낼 수 있으려면 내담자에 대한 관심과 사랑이 있어야 한다. 감정이 메마른 냉정한 상담 전문가들은 상담을 통해 생계를 유지할 수는 있겠지만 내담자의 진정한 변화에 기뻐할 수는 없을 것이 분명하다.

사랑에 기반한 공감과 판단하지 않는 경청은 인간관계에서 이루 말할 수 없이 중요하다. 또한 경청을 제공받는 일도 중요하다. 다른

---

89 Jay Adams, op. cit., 58.
90 Gordon Lynch, *Clinical Counselling in Pastoral Settings* (NY: Routledge, 2005), 43.

사람의 이야기를 경청할 때 우리의 내면이 성장하는 것을 느낄 수 있고, 누군가가 우리 이야기를 경청해 줄 때 우리 자신이 성장하고 자유로워지며 강해지는 것을 확신하게 된다.[91] 상담에서는 진정한 이해가 가장 중요하다. 진정한 이해란, 정확하고 진정한 관심이 있으며 자비롭고 친절하고 서로 소통하는 이해이다. 내담자, 친구, 배우자, 어린 아이가 "이 사람은 나를 정말 보살피고 있다. 이 사람은 나를 알고, 나의 세계를 이해한다"라고 생각할 때 선한 일들이 일어나곤 한다.[92]

온전한 사랑과 공감이 가능하다는 것은 자기를 비움으로 자기를 실현한 예수 그리스도의 '케노시스(κενοσις, Kenosis)'를 통해 이해할 수 있다. 하나님을 하나님 되시도록 하는 것이 바로 '사랑'이다. 그런데 그것에는 자기를 완전히 비우는 '케노시스'의 노력이 있었다. 하나님의 사랑은 내어 주심에 있다. 내어 주심, 즉 자기를 비우시는 하나님은 기독교 신학적인 삼위일체 교리의 근본 사상임에 틀림없다. 삼위일체는 세 가지의 위격이 하나가 되는 것을 의미하는데, 반드시 자기 비움이 동반되어야 가능한 일이다. 만약 자신을 비우고 대상을 대한다면 그 대상의 이야기를 온전하게 다 받아내고 이해할 수 있는 길이 열릴 것이다. 그러나 반대로 자기주장과 생각이 가득한 상태에서는 그 대상의 이야기가 수용되지 않을 뿐더러 오히려 거부하고 튕겨내는 현상이 발생할 것이다. 그렇기 때문에 자기 비움이 가능할 때 세 분이 한 분이 되는 것이 가능하고, 한 분이 또한 세 분이 되는 것이 가능한 일이 되는 것이다. 그래서 삼위일체는 하나님의 비이기적인 사랑을

---

91 Carl Rogers, op. cit., 33.
92 Jay E. Adams, "Review of Hebrews, James, I & II Peter, Jude," *Timeless Texts* no.1 (1999): 63.

완벽하게 보여주시는 것이다. 삼위의 종속성이 아니라, 각자의 독자성에서 삼위일체의 사귐이 일어난 것이다.

그렇다면 어떻게 하면, 개인도 중요하고 가족과 공동체도 중요할 수 있을까? 각 개인에게 중요한 자세가 무엇인가? 그것은 바로 예수 그리스도의 자기를 완전히 비운 케노시스적인 삼위일체의 태도일 것이다. 1988년에 '시인과 촌장'은 〈가시나무〉라는 노래를 불렀다.

> 내 속엔 내가 너무도 많아
> 당신의 쉴 곳 없네
> 내 속엔 헛된 바람들로
> 당신의 편한 곳 없네

이 가사는 한 개인의 케노시스인 자기 비움을 해내지 못해 다른 이들이 자신에게 쉴 수 없는 고독한 존재로 표현한다. 자신으로 가득 찬 모습에는 외로움과 공허만이 가득할 뿐이다. 그리하여 자신을 개방해야만 한다. 상대에게 나를 열어야 하는 것이다. 그 대상이 내 안에 들어오고, 나도 그 대상에 들어가야 한다. 그것은 반드시 개인도 중요하고 그 관계도 중요한 사귐으로 일어날 수 있는 것이다.

> 내 안에 거하라 나도 너희 안에 거하리라
> 가지가 포도나무에 붙어 있지 아니하면 절로 과실을 맺을
> 수 없음 같이 너희도 내 안에 있지 아니하면 그러하리라
> 나는 포도나무요 너희는 가지니

저가 내 안에, 내가 저 안에 있으면 이 사람은 과실을
많이 맺나니 나를 떠나서는 너희가 아무것도 할 수 없음이라.
(요 15:4-5)

하나님은 상담가와 내담자 사이에 경험되는 마음의 움직임이나
감정, 심상 등을 통해서도 자신을 계시할 수 있다. 몰트만(Moltmann)에
따르면, 이것이 가능한 것은 하나님이 성령으로 말미암아 그의 피조
물인 우리 가운데 내주하기 때문이다. 이때 하나님은 피조물인 인간과
여전히 구별되는 존재이기 때문에 이처럼 우리 안에 내주하는 하나님을
'내재적 초월'이라 부른다.[93] 그리고 하나님의 공감과 인간의 공감
사이의 유사성은 몰트만의 개념으로 하나님과 인간 사이의 페리코레
시스(περιχορησις, Perichoresis)라고 부르는데, 역동적 상호 간 내주(來駐)로
말미암는 것이라 할 수 있다. 즉, 하나님은 자신을 개방하고 우리 인간을
그의 사랑 안으로 초대하며 그의 사랑에 동참하게 하는 것이다. 이것의
결과로 하나님의 사랑에 동참하는 우리 인간의 마음과 우리의 관계
속에 동참하는 하나님의 마음이 서로 일치하게 된다.[94]

예수는 그 사랑의 능력을 붙잡았던 것이다. 예수는 사랑이 가장
두렵고 완벽한 능력임을 철저히 확신했다. 그것은 이 세상 그 어떤
무기도 사랑에 대항할 수 없다는 의미였다. 윌리엄 더랜트(William J.
Durant)가 쓴 것처럼 '줄리어스 시저와 그리스도는 경기장에서 만났고
그리스도는 승리했다.'[95] 예수는 이 특별한 미덕에 사명의 연속성을

93 Jurgen Moltmann, 「생명의 영」 김진태 역, (서울: 대한기독교서회, 1992), 56.
94 Jurgen Moltmann, *Experiences in Theology: Ways and Forms of Christian Theology*
(Fortress Press, 2000), 322-323.
95 Will Durant, *Caesar and Christ [The Story of Civilization: Part III]* (New York: Simon
and Schuster, 1944), 652.

두었으며 그 미덕은 세상을 덮은 것이다. 그는 제자들에게 자신이 그들을 사랑한 것처럼 서로 사랑하라고 말했다(요 15:12, 17). 피상적이고 비용이 들지 않는 사랑이 아니라, 친구를 위해 죽을 수 있는 깊고 불타는 헌신의 사랑을 말하는 것이었다(요 15:13). 예수는 특별히 사람들을 대하는 것을 가르치기 위해 제자들에게 이 사랑의 관점을 가져야 한다고 가르쳤다. 그래서 그에게 가르침을 받는 자들은 반드시 서로를 사랑하는 노력을 해야 했다. 이런 예수의 목표는 하나님의 사랑을 전하고 예수를 따르는 이들이 궁극적으로 서로 사랑하며 세상에 모든 이들을 품는 것을 증명하는 것이었다(요 17:22-26). 이 모든 것이 사랑의 능력으로만 가능하므로 강조했던 것이다. 그 사랑의 모양은 '아가페(αγάπη)'로서 무조건적인 사랑의 형태를 이상으로 하고 있다. 그렇기 때문에 사랑의 능력을 믿는 상담가는 어떤 내담자라도 그들의 문제에서 그들을 돕고 회복할 수 있도록 만들 수 있을 것이다.

그런 사랑이 가능했기에 예수는 다른 사람들에게 공감할 수 있었던 것이다. 그는 어려움과 당황스러움을 겪는 이들의 문제에 깊이 공감하는 자였다. 아울러 자신의 이익을 위해 사람들을 착취하고 하나님을 속이는 자들에게 분노했고(요 2:13-17) 다른 이들의 비참함과 슬픔이나 친구의 죽음 앞에서 눈물을 흘렸다(요 11:33-35). 공감과 이해와 같은 개인적 자질은 상담가에게 특정한 이론적 틀보다 훨씬 더 필수적이다. 그렇게 예수는 상담가로서 감정적인 사람이었다. 예수는 감정적인 사람이었지만(요 11:34, 38) 감정의 지배를 받지 않았다. 행동과 원칙 사이에 일관성이 있을수록 감정 표현에 있어 더 자발적일 수 있다는 것을 예수의 태도에서 배울 수 있다. 그것은 놀랍게도 예수의 감정 표현은 항상 상황에 완벽하게 들어맞았기 때문이다. 제자들에 대한 예수의 사랑은 제자들과 관련된 모든 일에서 잘 표현되었다(요 13:1). 또한 그는 무모하지는 않았지만 용기는 분명히 드러났다(요 18:3-8). 그리고 악한 행실로 하나님을 훼방하고, 믿는 자들을 낙심케 한 자들에게 맹렬히 진노했다(요 2:13-17). 반면에 그는 특정 행동을 취했다면 자신의 목적에서 멀어지게 만들 수 있는 감정을 제어하는 방법을 알고 있었다(요 12:27). 인간 존재의 매우 중요한 부분은 인류의 감정적 구성에 있다고 볼 수 있을 것이다. 개인의 신앙과 목적에 부합하는 만큼 감정을 표현하는 것은 중요한 일이다. 그러나 일부 잠재적인 감정적 반응은 동기가 잘못되었거나 다른 사람에게 피해를 줄 수 있기 때문에 특정 상황에서는 적절하지 않을 수 있다. 자신의 감정을 완벽하게 제어할 수는 없겠지만, 특정 감정을 표현해야 하는지 여부와 방식은 스스로 선택할 수 있는 것이다. 결국 감정을 제어할 수 있는 유일한 방법은 자신의 생각과 행동을 다시 한 번 점검하는 태도이다. 이것을 통해 자신의 방식대로 생각하고 행동하여 다양하고 더 적절한 감정 방식을 취할 수 있게 될 것이다(창 4:6-7).

6) 자기 성찰적 지도

예수는 상대방의 인격과 가치를 존중하며, 윤리적 가치와 원칙을 가르치는 데 많은 노력을 기울였다. 당시 예수는 율법을 잘 아는 바리새인들과 자주 대화를 나누고 그들에게 올바른 도덕적 가치와 원칙에 대해 가르쳐 주었다. 예수는 원래의 율법의 뜻을 깊이 이해하고, 그것을 적절하게 해석하여 사람들에게 더 나은 삶의 방향을 제시하려 노력하였다. 이처럼 그는 상담 상황에서도 상대방을 존중하고 그들의 가치와 믿음을 이해하며, 도덕적 가치와 원칙을 가르침으로써 상담에서 의미 있는 변화를 이끌어 내려고 하였던 것이다.

특히, 예수는 내담자를 상담하는 과정에서 단순한 지식과 정보 전달이 아니라, 상대방의 내면에 관심을 가지고 그들이 마음속에 품고 있는 문제나 고통, 고민 등을 들어 주며 해결책을 찾아 주었다. 이를 위해서 예수는 상담 대상자들과 개인적인 대화를 나누었으며 그들의 믿음, 가치관, 문제 해결 방식 등을 이해하려는 노력을 기울였다. 예수는 내담자들이 자기 성찰적으로 접근하여 자신의 내면을 탐색하고, 문제를 해결하는 데 도움을 주었다. 이러한 성찰적 지도는 현대의 상담 기술에서도 중요한 역할을 한다. 상담가가 내담자들의 내면과 가치관을 이해하고, 그들이 자신의 문제를 해결할 수 있는 방식을 함께 찾아 나가는 과정에서 성찰적인 지도를 제공하고, 자신의 개인적인 신념을 바탕으로 도움을 주는 것은 중요한 일이다. 이를 통해 상담 대상자들은 자신의 내면을 조명할 수 있게 되고, 문제를 해결할 수 있는 새로운 시각과 방식을 발견할 수 있기 때문이다.

예수의 상담에는 특이한 점이 있는데, 내담자들이 자신을 있는 그대로 받아들이도록 변화시킨다는 것이다. 자기중심의 세계관에서 벗어나야 하는 것은 시대를 초월하여 늘 존재하는 문제다. 인간은 두 종류로 나뉠 수 있는데, 나르시시스적(Narcissistic, 자기중심적) 자아에서 벗어난 사람과 그렇지 못한 사람으로 볼 수 있다. 후자는 오직 자기 자신만 생각하며 자신의 관점, 신념, 가치관들로 인해 마음을 열 수 있는 길을 가로막는다. 그래서 예수의 상담은 언제나 그런 편견들을 깨는 경험을 수반하게 했다. 베드로는 예수와의 대화에서 자신의 편견이 깨지는 현상을 경험했다.

어떻게 더러운 내 발을 씻으십니까? (요 13:6-8)
어떻게 더러운 것들을 먹으라 하십니까? (행 11:7-8)

고정관념의 문제는 그것이 거짓이라서가 아니라, 그것이 불완전하다는 데 있다. 왜냐하면 고정관념은 하나의 이야기를 유일한 이야기로 만들기 때문이다. 예수는 상담을 통해, 사람들이 시대적으로 문화적으로 사회 통념적으로 받아들였던 고정관념을 철저하게 파괴시켰다. 상대방과 함께해 주는 것의 의미는 편견 없이 상대방의 세계에 들어가기 위하여 당분간 자신을 내려놓는 것이다.[96] 예수가 보여줬던 내담자들을 향한 희생을 잊는다면, 우리의 상담은 우리 자신의 관계성을 우선해서 선택하게 될 것이다. 그것은 곧 우리를 기쁘게 하고 우리에게 위안을 주며 우리가 선택하기 쉬운 것에 지배를 받는 일이다. 우리는 이것을 간섭하는 사람을 싫어하고, 우리의 분노는 대부분 이것을 간섭하는 사람들과의 관계에서 일어난다. 그러나 사람들은 우리에게 속해 있지 않다. 그들은 하나님에게 속해 있다. 관계는 일차적으로 우리의 업적이나 성취가 아니다. 죄인들 사이의 관계는 복잡하고, 어렵고, 힘겹고, 부담스럽다. 그러나 사람은 하나님의 영광을 위해 창조되었으며, 삶의 목적은 하나님을 높이고 우리의 마음이 변화되는 것이다. 효과적인 개인 사역은 우리가 하나님에게 속한 관계를 우리의 것으로 취하여 우리의 이기적인 욕구를 위해 사용했음을 고백하면서부터 시작될 수 있다.[97]

---

96 Carl Rogers, op. cit., 157.

전 세계적으로 흥행했던 월트-디즈니의 〈Frozen(겨울왕국)〉이라는 만화 영화에 〈Let it go〉라는 노래가 나온다. 전 세계적으로 수많은 사람과 아이들이 이 노래를 부르던 모습을 각종 매체를 통해 쉽게 접할 수 있었다. 그것은 아마 다른 대상을 향해 떠나가도 상관없다는 의미를 담은 노래 가사 'Let it go' 때문이었을 것이다. 그러나 여기에는 한 가지 간과된 부분이 있는데, 내 안에서 대상을 내보내기는 쉬우나 그 대상이 다시 내 앞에 나타나 존재할 때는 이야기가 전혀 다르게 펼쳐진다는 것이다. 그렇기 때문에 이 노래의 의미는 사실 절반밖에 우리의 삶을 지켜 주지 못한다고 할 수 있다. 그래서 여기 남은 절반의 문제를 해결할 수 있는 내용이 필요한데 그것은 바로 'Let it come'일 것이다. 나로부터 내보냈던 대상이 다시 돌아올 때 받아들일 수 있는 태도가 필요하다. "네가 원하는 대로 떠나도 돼. 그리고, 언제든 내게 와도 돼." 이것이 예수가 사람들을 대할 때 늘 취했던 대화의 방식이었다. 사람들이 예수의 이야기를 듣고 이해하지 못하고 그를 떠나갈 때 그들을 붙잡거나 부담을 주지 않았으며, 그들이 다시 예수에게 나아올 때도 과거의 행동에 대해 언급하며 죄책감을 싣는 것이 아니라 자유와 해방을 경험하도록 언제나 사람들을 이끌어 줬던 것이다. 마치 그것은 〈삼국지연의〉에 등장하는 '칠종칠금(七縱七擒)'과 같이 남만왕 맹획을 일곱 번이나 잡고 놓아 주는 제갈공명의 방법으로 그를 변화시키기 위해 용서하며 완전히 자신의 사람으로 만들었던 일과 같았다. 실제로 예수는 이런 상황을 예상하고 수제자 베드로에게 이미 가르쳤다.

---

97 Paul Tripp, op. cit., 120.

그때에 베드로가 나아와 이르되 주여 형제가 내게 죄를
범하면 몇 번이나 용서하여 주리이까 일곱 번까지
하오리이까 예수께서 이르시되 네게 이르노니
일곱 번뿐 아니라 일곱 번을 일흔 번까지라도 할지니라.
(마 18:21-22)

그리고 예수는 개인의 책임에 대해 중요하게 생각했다. 불행하게도
현대의 심리학은 사람들이 자신과 자신의 행동에 대해 책임을 지지
않아야 한다고 오랜 시간 가르쳐 왔다. 그러나 인간은 자신의 주변에
많은 영향을 미치며 살고 있으며, 결국 어떤 진전이 있으려면 자신과
자신이 할 수 있는 일에 대한 책임을 받아들여야 한다. 예수는 모든
사람이 자기의 생명에 대한 답을 얻기 위해 반드시 하나님 앞에 서야
한다고 말했다(요 5:28-29). 간음한 여인의 경우에서도 예수는 용서와
책임을 모두 강조했음을 알아야 한다. "이제부터 다시는 죄를 범하지
말라"(요 8:11). 결론적으로 이는 인간은 자신에 대한 책임을 받아들일
때까지 성숙할 수 있는 길이 열리지 않는다는 의미이다. 그리고 예수는
책임감이 없는 시대 상황에 대해 다른 사람들에게 책임을 돌리는 동시대
사람들의 잘못된 관행을 따르지 않았던 것을 기억해야 한다(요 9:1-3, 34).

앞서 계속 언급했듯이 예수 그리스도는 탁월하고, 놀랍고, 위대한
상담가이다. 예수를 신적이고 권위적인 존재가 아니라, 우리를 위한
완벽한 상담가의 모델이라고 이해하게 될 때 그에 대한 느낌은 인격적
으로 완성도가 높고 더욱 친밀하며 우리의 어떤 이야기도 다 들어줄
것만 같은 기대를 지닐 수 있게 된다. 그리하여 상담가인 예수는 내담
자인 누군가가 힘들 때 가장 가까이서 대상의 모든 문제에 대해 가장

잘 이해하며 친밀히 다가오는 이미지로 그려진다. 그는 사람들에게 "수고하고 무거운 짐 진 자들아 다 내게로 와라 내가 너희를 쉬게 하리라"(마 11:28)라고 말했다. 그리고 이어서 자신에 대한 설명으로 진정한 상담가임을 느끼게 한다. 이러한 예수는 삶을 깊고 지속적인 방식으로 변화시키는 능력 때문에 최고의 조언자로 여겨진다. 인도와 지원을 받기 위해 예수에게 돌이킨 많은 사람들은 생각, 태도, 행동에 상당한 변화를 경험하여 삶의 더 큰 성취감과 만족감을 느꼈다고 성경은 말한다. 예수의 상담은 내담자에게 이전에 행하지 못할 행동을 할 힘을 주는 일이었다. 로저스는 "어떻게 적극적으로 개입해야 할지 잘 모를 때 나는 경청을 했다"[98]고 말한다. 그러나 성경적 상담가는 성경이 모든 사람의 영적 성장을 위한 가르침을 포함하고 있으며, 그러한 가르침은 삶의 문제를 해결하는 과정에서 없어서는 안 되는 것임을 분명히 해야 한다. 타인의 변화를 돕기 원한다면 우리는 반드시 성경의 가르침에 전문성을 갖추어야 하고, 이를 상담의 가장 중요한 부분으로 만들 수 있어야 할 것이다.[99]

7) 하나님을 향한 의존성

예수는 공생애 이전부터 자신의 삶을 통해 인간의 삶에 대한 많은 학습과 경험을 함으로써 자신의 상담적 기술을 개발하고 향상시켰다. 예수는 그의 삶 동안 다양하고 많은 사람과 상호 작용했으며, 그들의 삶과 고통을 직접적으로 경험했다. 이러한 경험을 바탕으로, 예수

---

[98] Carl Rogers, op. cit., 152.
[99] Wayne A. Mack, *Providing Instruction through Biblical Counseling* (Nashville: W Publishing, 1994), 297.

그리스도는 사람들의 문제와 고통에 대한 이해와 도움을 제공하는 방법들을 발견할 수 있었다. 특별히 그의 가업이었던 목수라는 직업은 당시 시대 문화적으로 가장 다양한 계층의 사람들을 만날 수 있는 유일한 직업이었다. 그리하여 계급 간의 극단적이고 부분적인 측면의 이해가 아닌, 전체적인 사회 문화 현상을 가장 잘 이해할 수 있는 시각과 경험을 지닐 수 있었던 것이다. 이처럼 예수 그리스도의 상담 기술을 연구할 때, 그리스도는 가족 관계, 자아 개발과 자아 수용, 도덕적 문제, 스트레스와 불안 등 다양한 상담 분야를 적용할 수 있던 것을 알 수 있다. 그러나 무엇보다 예수 그리스도는 천부인 하나님을 의지함으로 그의 지혜를 소유한 존재였다. 그러므로 예수는 하나님과 인격적으로 동행하고, 신적인 지혜와 영감을 받아 시대를 초월하는 지혜와 상담의 기술을 지닌 것으로 보인다. 성경에 등장하는 조언자들은 돕는 대상들에게 조언해 주려 노력했지만, 스스로 모든 것을 깨닫거나 알지는 못했다. 왜냐하면 그들은 인간적으로 가능한 한 충분한 지식만을 가지고 있었기 때문이었다. 그러나 하나님은 전지전능하고 모든 것을 알고 있다. 그래서 하나님의 도움을 통해 인간은 올바른 결정을 내릴 수 있다. 하나님이 인도할 때 인간은 그의 마음에 선한 의도를 갖고 있는지, 또는 하나님이 무엇을 하고 있거나 알고 있는지 걱정할 필요가 없다. 왜냐하면 그는 처음부터 모든 이야기를 썼기 때문이다. 시공간의 제한이 있는 인간 입장에서는 그 과정이 모호하고 흐리게 보일 수 있지만, 결국 우리에게 훌륭한 결말이 기다리고 있다는 것을 알며 믿고 있다.

최고의 상담을 위해서 우리는 내담자의 상황과 고통에 대한 모든 전인적인 이해가 필요하다. 그러나 우리 인간의 한계를 인정하고 재빠르게 하나님의 도움을 요청하는 것 또한 중요하다. 예수 그리스도 역시 그 한계를 극복하기 위해 매일의 기도로 성령의 도움을 구했으며 공생애 기간에 모든 사람을 치료하는 상담을 완성할 수 있었음을 우리는 성경을 통해 쉽게 알 수 있다. 예수는 진리의 능력을 믿었고 그 능력으로 행하였다. 사람을 자유하게 하는 힘은 진리였기 때문이다(요 8:32). 그리고 그 자신이 진리의 근원이 되었다(요 14:6). 세상에서 예수의 목적은 하나님의 피조물들이 모두 진리를 붙잡도록 하는 것이었다(요 1:17). 진리가 없는 어두운 삶과 진리를 추구하는 깨끗한 빛과 같은 삶의 차이를 가르쳤으며(요 3:20-21), 자신의 목표를 향해 나아가는 방법을 몸소 본이 되어 보여 주었다(요 11:9). 예수는 자신이 진리를 추구하며 살아가기 때문에 어떤 위협에도 두려워하지 않고 앞으로 나아갈 수 있다고 말했다(요 11:8-10). 오늘날의 상담에서도 특히 자신의 상황에 대한 진실을 찾기 위해 정직하게 노력하는 사람들만이 비로소 자유로워질 수 있을 것이다.

예수는 진리를 붙잡았기 때문에 어떤 것에 의해서도 동요되지 않았다. 예수는 교제하는 사람들의 관계 속에서 특별히 조종당하지 않고 강요당하지 않았다. 당시에 정치적인 생각을 가진 사람들은 예수의 놀라운 능력을 보며 왕으로 삼는 것이 얼마나 유익할지 생각하며 추종하기 시작했다. 그러나 예수는 즉시 그들에게서 물러나 혼자가 되어 하나님께 기도하기 위해 언덕으로 향했다(요 6:15). 대개 상담가들은 때때로 사람들이 듣고 싶어 하는 말을 그들에게 해줘야 한다는 압박감을 느끼며, 마음속으로 최선이 아니라고 느끼지만 그들이 원하는 말들을 하는 경우가 있다. 그러나 예수의 모습은 상담가들이 항상 내담자의 비위를 맞추는 식의 상담이 아니라, 그 영혼을 살리는 데 중점을 두는 것의 본보기가 된다. 그것은 하루아침에 가능했던 일이 아니라, 수없이 많은 훈련을 통해서 가능했던 것이었다. 상담에 참여해 본 적이 있는 사람이라면 누구나 내담자가 겪은 시련과 마음의 고통이 상담가와 다른 사람에게 영향을 주는 것을 알고 있다. 그렇기 때문에 훈련되지 않은 내담자는 감정에 쉽게 휩쓸려 결정하거나 삶에 대한 계획과 목적을 갖지 못하거나, 우선순위를 정하는 것에 대해 어려워한다. 이러한 모든 요소로 인해 비참하고 절망적으로 삶을 복잡하게 만들며 충동성, 우울증, 적개심, 초조함 및 여러 다른 개인적인 문제들이 발생하게 되는 것이다. 그러나 예수는 인생의 청사진을 가지고 있었다. 세상의 구속을 위한 하나님의 계획, 곧 말과 행동으로 자신을 속죄를 위한 희생 제물로 바치는 것이다. 그는 언제나 그것을 확고히 붙들었다(요 8:14, 26-29). 더욱이 하나님의 목적을 십자가 위에서 완수할 때까지 수행했다. 십자가 위에서 했던 "다 이루었다"는 말은 그의 죽음의 순간을 가리키는 것보다 더 큰 의미를 지니는 것이다(요 19:30). 예수는 자신의 의무를 이행하기 위해 부지런히 애쓴 사람이었다(요 4:35). 그는 죽기 전에 자신에게 맡겨진 모든 일을 다 했다고 말했다(요 17:4). 분명한 목적과 계획이 있었기 때문에 의미 있게 우선순위를 정할 수 있었던 것이다(요 4:31-34). 그렇기에 예수는 제자들도 그렇게 하도록 가르칠 수 있었다.

모든 인간은 내면의 평화와 기쁨을 경험하기를 원하지만, 실제로 많은 이들이 그 사실에 대해 극도로 환멸을 느끼고 있다. 놀라운 상담가(Wonderful Counselor)인 예수는 실제로 자신과 자신의 가르침을 따르는 사람들에게 평화와 기쁨을 약속한다. 예수를 만나고 그에게 상담을 받는 이들은 삶의 어려운 도전을 경험할지라도 반드시 평화가 찾아올 것이라는 약속을 받았다. 그가 세상을 이겼기 때문에 화평을 약속할 수 있었다(요 16:33). 그는 그의 내담자들에게 세상을 두려워하지 말라고 격려했다. 그가 말하는 평안은 세상이 말하는 감정을 조절하거나 명상적인 평안을 말하는 것이 아니었다(요 14:27). 그것은 현실적으로 필요할 때 적절한 도움을 받는 평안을 약속한 것이다(요 16:7, 13). 상담가 예수를 의지하고 도움을 구하는 자에게 기쁨이 약속되어 있다(요 16:24). 이 기쁨은 예수의 내담자의 삶에서 생산적인 일과 관련이 있었기 때문에 (요 15:1-11) 기쁨의 열매 맺는 존재와 그 근원이 중요함을 강조했다.

> 내가 이것을 너희에게 이름은 내 기쁨이 너희 안에 있어
> 너희 기쁨을 충만하게 하려 함이라. (요 15:11)

예수는 개인의 선택의 자유를 믿었다. 유대교와 기독교는 가르침이 있는 종교이며, 구약과 신약 모두에서 하나님은 기꺼이 듣고자 하는 사람들의 마음에 호소했다. 예수는 구약의 선지자 이사야의 말을 인용할 때 이 진리에 주목했다.

> 그들이 다 하나님의 가르치심을 받으리라. (요 6:45)

신약에서는 아무도 멸망하지 않고 다 구원을 얻게 하려는 것이 하나님의 뜻이라 말한다(벧후 3:9). 그렇다 하더라도 실제로 구원받는 사람은 예상과 다를 수 있는 것이다(마 7:13-14). 하나님은 인류에게 선택의 자유를 갖도록 창조했다. 예수는 "너희가 생명을 얻기 위하여 내게 오기를 꺼리는도다"(요 5:40)라고 말했다. 그러나 그는 사람이 하나님의 뜻을 행하려 하면 하나님의 교훈을 깨닫게 된다고 말한다(요 7:17).

내담자에게 거의 잃어버릴 정도로 깊숙이 감춰져 있을지라도 상담가는 그에게 어느 정도의 선택권이 남아 있다고 믿어야 한다. 정신 건강으로 가는 길의 중요한 부분은 인간의 선택에 대한 행동과 깊은 관련이 있다. 이것은 일반적으로 내담자의 상황에 대응하는 더 현명하고 더 성공적인 방법을 스스로 발견하도록 가르치고, 그 과정을 이끄는 소모적인 과정을 요구하게 될 것이다. 또한 이 경험은 내담자의 성장과 자율성을 향한 길이라는 것을 보여줄 것이다. 내담자를 위해 결정을 대신 내리는 상담가는 하나님이 사람에게 준 자유 의지적인 선택권에 대한 존중이 부족하고 자율성보다는 의존성만을 조장하고 만다. 예수는 매우 단호하게 진리를 말했고 대안을 제시했지만 결코 개인의 선택권을 침해하지 않았던 것을 기억해야 한다.

기독교 상담의 특징은 모든 접근 방식을 사용한다는 것이다. 그것은 사회적, 신체적, 지적 측면과 함께 영적인 부분을 가장 중요하게 여긴다. 니고데모가 밤에 예수에게 왔을 때, 그는 즉시 하나님의 영으로 거듭나지 않으면 하나님의 나라에 들어갈 수 없다고 주장했다(요 3:1-10). 야곱의 우물가에서 사마리아 여인과 대화할 때, 그는 순전히 물질적인 물에 대한 그녀의 관심을 무시하고 그녀에게 제공하기 위해 준비한 영적인 물에 주의를 기울이라고 조언했다(요 4:13-14). 또한 예수는 육체적인 것보다 더 구해야 하는 영적 양식이 있다고 반박했다(요 6:27). 오늘날 많은 인간 문제는 본질적으로 영적인 부분이 원인이며 어느 정도 영적 해결책이 있어야 한다고 믿는 상담가의 수가 증가하고 있는 것 같다. 그렇기에 세상은 영적으로 굶주린 사람들로 가득 차 있으며 성경적 상담가들은 영혼을 치유하고 만족시키는 영적 양식이 있다고 믿어야 할 것이다. 따라서 영적인 차원의 고백, 회개, 기도, 성경 읽기,

용서, 예배를 현명하게 사용하는 것은 성경적 상담가의 정서적 건강에 실질적인 도움이 되며 더 나은 미래를 위한 확고한 기반을 제공할 것이라 믿는다.

8) 겸손의 자세

예수는 낮은 겸손의 태도를 지녔다. 상담을 원하는 사람들은 종종 삶의 목적에 대해 혼란스러워 한다. 그 이유는 대중 매체가 사람들로 하여금 인생의 근본적인 목표가 성공해서 높은 지위에 오르거나 자기 주장을 하는 일이라는 잘못된 신념을 갖도록 했기 때문일 것이다. 그러나 성경적 관점에서 볼 때 인생의 목적에 대한 질문의 답은 그것과 다르다. 예수는 역설적으로 섬기는 위치에 있는 인간이 가장 높은 지위에 있는 것이라고 말했다. 특히 예수가 죽기 전 마지막으로 행한 일 중 하나는 제자들의 발을 씻기는 일이었다는 것을 상기해 볼 수 있다(요 13:3-17).

> 내가 너희에게 행한 것 같이 너희도 행하게 하려 하여
> 본을 보였노라. (요 13:15)

그러나 공관복음서에서 제자들은 다가올 왕국을 생각하며 자신들의 지위를 놓고 서로 경쟁하는 모습으로 묘사된다(마 20:20-28; 막 10:35-45; 눅 22:24-27). 그리하여 예수는 천국에서 가장 큰 자는 가장 낮은 자리에서 겸손하게 남을 섬기는 자가 될 것이라고 확언함으로 그들의 이기적인 야망을 멈추도록 했다. 가정과 사회 전체의 문제는 섬김을

받고자 하는 이기적인 욕망에서 언제나 발생한다. 다른 사람을 위해 봉사하는 시간을 보내는 사람들도 때때로 현대적 사고방식에 너무 세뇌되어 자신이 낮은 위치에 있다는 생각에 스스로 위축되고 비통함을 느끼게 된다. 섬김의 진정한 가치와 의미를 깨닫고 기쁨과 만족을 느끼기 시작하면 긴장이 가라앉으며 삶이 이전과 전혀 다른 방향성을 지닐 수 있게 된다. 바울은 예수의 정확한 말을 전한다. "주는 것이 받는 것보다 복이 있다"(행 20:35). 예수의 이러한 관점처럼 가정과 사회 전체의 문제는 섬김을 받고자 하는 이기적인 욕망에서 특징적으로 발생하는 것임을 깨달을 수 있어야 할 것이다.

그래서 예수의 상담 태도는 깊은 인간성에 기반하고 있다고 할 수 있다. 이는 인간성과 겸손, 존중, 인간적 이해와 공감, 성찰적 지도와 개인적 신념 등 다양한 측면으로 나타난다. 예수는 모든 사람을 존중하며, 상대방을 겸손한 마음으로 대하였다. 그는 자신의 권위나 지위를 내세우지 않았고, 오히려 제자들에게 섬김의 모습을 보여주며, 당시 시대 문화가 배척하던 가장 소외된 사람들의 존재도 중요하다는 가르침을 전했다. 예수는 또한 적극적인 경청과 공감 능력을 지니고 있었는데, 상대방이 누구든 간에 이야기를 귀 기울여 듣고 감정에 공감하며, 그들이 어려움을 겪을 때는 위로와 조언을 제공하며 인간적인 측면에서 다양한 방법으로 도움을 주었다. 바로 예수의 이러한 태도가 오늘날의 상담가들에게 필요하고 중요한 부분 중 하나일 것이다.

나는 마음이 온유하고 겸손하니 나의 멍에를 메고 내게 배우라 그리하면 너희 마음이 쉼을 얻으리니. (마 11:29)

마음이 온유하고 겸손하다고 하는 것은 상담가로서 온유함으로 내담자의 말을 잘 경청할 수 있다는 것이다. 그것은 나의 기준으로 상대를 바꾸려고 노력하는 것이 아니라, 대상을 이해하고 대상이 느끼는 아픔을 우선적으로 바라볼 수 있는 능력이다. 사실 이것이 좋은 상담가가 될 수 있는 가장 중요한 성품인 것이다. 예수는 인간에 대한 깊이 있는 이해와 사랑을 지니고 있었다. 그는 이러한 인간애와 이해력을 바탕으로 사람들의 문제와 고민을 진심으로 들었고, 그들에게 도움을 제공하는 최선의 방법을 찾았던 것이다. 대개 우리는 분노를 비롯한 부정적 감정이 우리 안에서 소용돌이칠 때 한계에 도달해 지치고 내면이 망가지는 경우가 많다. 그런 대상에게 수고하고 무거운 짐을 내려놓고 와서 쉬라는 메시지가 바로 인간이 가장 갈망하던 상담의 이야기일 것이다. 결국 수고하고 무거운 짐을 진 자들을 쉬게 하는 것이 진정한 상담의 의미를 찾는 일이다. 이것은 예수 그리스도가 사람들에게 했던 상담이며, 기독교 상담가가 더욱 추구해야 하는 가치와 방향성일 것이다. 우리의 섬김에도 예수와 같이 '내가 당신보다 낫다'라는 의식이 없어야 한다. 이것은 우리도 우리가 섬기는 사람들과 동일하게 연약하다는 겸손한 인식이 있을 때에만 가능하다. 우리 안에서도 하나님의 사역이 완료된 것이 아니다. 우리는 하나님이 우리를 변화시키시는 뜻과 과정 안에서 한 형제자매이다. 아무리 뛰어난 상담가라 하더라도, 자신의 지혜나 경험만으로는 간단하게 변화가 일어나지 않는다. 그래서 함께 정체성과 경험을 나누고, 우리가 한 가족임을 느끼게 해야 한다.[100] 겸손하게 내담자의 말을 경청할 때 내담자는 누군가 자신의 마음을 들어 주는 것에 대해 깊은 만족감을 느끼고 더욱 진실해질 것이다.

---

100 Paul Tripp, op. cit., 146.

9) 낙관적인 태도

예수는 사람들을 바라볼 때 낙관적이었다. 상담가로서 예수는 그가 접촉한 사람들의 잠재력을 분명히 볼 수 있는 능력이 있었다. 그 즉시 사람들을 평가하고 그들의 현재 상황에 의해 판단하기보다는 그들의 숨겨진 잠재력이 꽃을 피우도록 노력했다. 예수는 분명히 사람들에 대한 기본적인 낙관주의를 가지고 있었던 것 같다. 제자들을 선택한 것이야말로 이것을 가장 잘 설명해 준다. 예수가 시작하고 지속할 세상을 변혁시키는 운동을 위해서 선택한 이들은 로마의 세금 징수원, 랍비 시험에서 떨어졌던 인물이나 어부들이었다. 어부였던 시몬을 처음 부를 때 예수는 그의 이름을 시몬에서 '게바'로 바꾸겠다고 말했다 (요 1:40-42). 거칠고 불안정한 시몬에게서 바위처럼 강하고 한결같은 사람이 될 자질을 발견한 것은 참으로 놀라운 전망이자 도전이었을 것이다. 또 하나 흥미로운 사실은 요한은 '사랑의 사도'로 널리 알려졌는데, 예수를 처음 만났을 때 매우 화를 잘 내고 호전적이었기 때문에 예수는 그를 "천둥의 아들"(마 3:17)이라고 불렀었다. 놀랍게도 예수는 초기에는 매우 파괴적일 수 있었던 그의 강렬한 에너지(눅 9:54)가 훗날 사랑스러운 사람이 되리라 믿고 바라봤던 것이다.

예수에게는 오늘날 우리 대부분의 상담가처럼 특별히 근무 시간의 제한이 없었다. 오늘날의 상담에는 열려 있고 사용할 수 있는 시간과 닫혀 있는 시간이 존재한다. 내담자는 상담을 위해 예약을 해야 하며, 센터에 상담가가 있을 때만 들어올 수 있다. 다른 사람이 먼저 상담실에 방문하면 자신의 차례가 오기까지 기다려야 하는 것이다. 반면에 예수에게는 따로 근무 시간이 없었다.

그에게 항상 다가가 누구나 상담할 수 있도록 문이 열려 있었다. 쉽게 대면하기 어려웠던 바리새인 율법 교사인 니고데모가 야심한 밤에 예약도 없이 상담을 받기 위해 찾아갔을 때, 예수는 성심성의껏 그의 인생의 고민에 대해 상담해 주었다. 특수했던 니고데모의 형편과 상황을 이해하고 그에게 맞는 상담 시간을 할애했던 것이다.

예수는 사회적으로 여러 측면에서 잘 발달한 자였다. 또한 그는 완전한 인간이었다. 실제로 그는 친근하고 사교적이며 유머 감각이 좋았다(마 19:24; 23:24; 눅 13:32). 유머 감각이 있는 것은 오랫동안 그 사람의 정신이 건강하다는 신호로 알려져 왔다. 반면에 유머 감각의 상실은 다양한 형태의 정신 질환을 동반하는 것을 알 수 있다. 프랭클은 히틀러 치하의 강제 수용소에서의 생존을 위한 투쟁을 묘사하면서 유머 감각으로 그 고통의 상황을 극복하는 힘을 얻었고 절망적인 상황에서 지지 않았음을 상징한다고 언급했다.[101] 상담가가 매력적이고 사교적이며 낙천적이고 유머러스한 것은 상담 과정에서 매우 중요한 일이다. 그러므로 예수는 당시에 내담자들을 환하게 웃게 만드는 사회성을 지닌 상담가였다. 이러한 예수의 성향은 성경이 한국어로 번역되는 과정에서 당시 번역가들의 유교적인 관점과 시대적 특징이 강조되어 묻혀버린 경향이 있으며, 이는 유머러스했던 예수의 이해를 제한한다는 점에서 아쉬운 부분이다.

---

101 Ibid., 54.

10) 이름 불러 주기

그의 상담 방법 중 독특한 방법에 주목해야 하는데, 그는 내담자들의 이름을 불러 주었다는 것이다. 당시 이 방법은 내담자로 하여금 상담가가 자신을 잘 알고 있다는 신뢰로 마음의 문을 활짝 열게 되는 방법이었다. 그의 상담은 일대일 관계가 핵심이었고, 그 대상에게만 집중하는 모습을 보였다. 특히 당시 사람들이 적대감을 가졌던 대상들에게도 특별하게 나아갔다. 그것은 자신을 추종하는 많은 세력들에게 의문을 갖게 만드는 일이었다. 그렇게 그는 자신의 인기와 지지 세력의 숫자를 중요시하기보다는 지금 치료가 필요하여 신음하는 대상의 아픔에만 집중하였다. 그래서 그는 종종 내담자의 이름을 부르는 행동을 하였는데, 이름을 불러 단순히 내담자가 주목하게 하려는 목적이 아니라 그 내담자의 상처를 보듬는 상황에서 이름을 불렀던 것을 알 수 있다.

한국에서도 이름이 없던 시절에 대한 역사적 배경이 있었다. 여러 상담 프로그램을 통해 내담자에게 자신의 이름을 불러 보라고 하면 부르지 못하는 경우가 많다. 예나 지금이나 내담자들의 자기 이미지가 나쁘게 형성되었기 때문일 것이다. 때로는 어릴 적 누군가 자기를 불러줬던 기억이 없는 경우도 그럴 수 있다. 왜냐하면 유아기 시절 양육자와 안정감 있는 애착 관계가 형성되지 못하면 불안감이 잠재되어 이후에 관계 형성을 위해 필요한 발달에 부정적인 영향을 끼치기 때문이다.[102] 그런 경우는 대체로 따뜻한 가정의 에너지를 못 받았던 것을 상담을 통해 알 수 있다. 더군다나 당시 시대 문화적으로 이름을

---

102 김순초, 「부부미술치료의 실제」 (서울: 만남과 치유, 2018), 49.

불러 주는 것은 오늘날 이름을 부르는 것보다 더 큰 의미를 지녔었다. 그렇기에 복음서에 등장하는 인물들에게 이름을 불러 주는 예수의 모습은 그들 내면의 닫힌 문을 여는 탁월한 방법이었을 것이다.

지금까지 언급했던 예수의 상담 기법의 특징을 각 방법론적 특징, 관점과 자세로 간략하게 정리해 보면 다음과 같다.

[표-1] 예수의 상담 기법의 특징

	예수의 상담 기법			
방법론적 특징	이름 불러 주기	질문에 의한 정보 수집	비유를 통한 상황의 재해석	자기 성찰적 지도
관점	자비와 용서의 관점	사랑의 신학적 관점	하나님을 향한 의존성	
자세	탁월한 공감 능력	낙관적인 태도	겸손의 자세	

예수의 상담 기법의 방법론적 특징은 첫째, 이름을 호명하여 대상을 분명히 하였고, 둘째, 질문에 의한 정보 수집 과정을 통해 상대가 자신의 이야기를 스스로 이야기하도록 하였으며, 셋째, 비유를 통한 상황의 재해석 과정을 통해 문제 상황을 깊이 있게 이해하고 통찰해 모두가 알아듣기 쉬운 비유를 들어 친절히 설명하였다는 것이다. 예수의 상담 기법의 관점을 살펴보자면 첫째, 자비와 용서의 관점, 둘째 사랑의 신학적 관점, 셋째, 하나님을 향한 의존성이 체화된 관점을 가졌음을 알 수 있다. 예수의 상담 기법의 자세는 탁월한 공감 능력, 낙관적인 태도, 그리고 겸손이라 할 수 있다. 이를 바탕으로 예수는 자기 성찰적 지도로 완성되는 위대한 상담가로서의 진정한 내러티브 상담 기법을 사용하였다.

3. 위대한 상담가 예수, 진정한 내러티브 탐구

위대한 상담가로서 예수의 상담의 방법론적 특징을 가장 잘 담아낼 수 있는 연구방법론은 내러티브 탐구이다. 내러티브 탐구는 방법일 수도 있고 연구하는 현상일 수도 있다.[103] 내러티브 탐구는 질적 연구 방법론 중의 하나로, '질적 연구는 연구자와 연구 대상 사이의 부단한 대화의 과정이다'.[104]

내러티브 탐구(Narrative Inquiry)는 인간 경험의 본질을 기술하는 연구 방법이다. '경험(Experience)'은 교육학자 존 듀이(John Dewey)의 교육관에서 강하게 드러나는 가치 중 하나이다. 듀이는 인간의 삶, 교육, 경험이 불가피하게 서로 밀접한 관계를 형성하고 있다고 이야기하며, 연구라는 것은 결국 인간의 삶과 경험을 연구하는 것이라는 점을 강조한다.[105] 듀이의 관점을 기반으로 내러티브 연구방법론을 구상한 클랜디닌과 코넬리(Clandinin & Connelly)는 내러티브 연구를 위한 3차원적 공간 (Three Dimensional Narrative Inquiry Space)을 이론적 이해의 틀로 구성했다. 그 첫 번째 공간은 과거-현재-미래의 '연속성(Continuity)'이다. 두 번째 공간은 개인적이고 사회적인 '상호 작용(Interaction)'이다. 세 번째 공간은 '상황(Place)'이다. 내러티브 연구 상황에서 연구자는 연구 참여자의 한 시점의 경험을 통해 이 세 공간을 바탕으로 연구자의 이야기를 재구성 하게 된다. 사람들은 자신들의 이야기를 연대기적 순서로 제시하지는

---

103 S. Pinnegar, & Daynes, J. G. "Locating narrative inquiry historically: Thematics in the turn to narrative." In D. J. Clandinin (Ed.), *Handbook of narrative inquiry* (Thousand Oaks, CA: Sage, 2006).
104 조용환, 「질적연구 방법과 사례」 (서울: 교육과학사. 1999), 97.
105 D. Jean Clandinin & F. Michael Connelly, *Narrative Inquiry* (CA: Jossey-Bass A Wiley Company, 2000).

않기 때문에 연구자는 재구성 과정을 통해 연구 참여자들로부터 수집된 자료들의 인과관계 등을 연결하고 해석한다.[106]

내러티브 연구는 다음과 같은 5단계를 거치게 된다.

[표-2] 내러티브 연구의 5단계

	단계	절차	내용/방법
준비 단계	1단계	출발점 (Starting Point)	개개인이 하는 이야기를 들어 주기 (Listening to individuals tell their stories)
			참여자들이 그들의 이야기를 살아갈 때 연구자들이 그들과 더불어 살아가기 (Living alongside participants as they live their stories)
	2단계	연구자 자신이 경험한 이야기들을 탐구하기 (Inquiring into researchers' own stories of experience)	연구자의 자기 성찰
실행 단계	1단계	현장에 존재하기 (Living in the field)	현장으로 참여 (참여 관찰 등)
	2단계	현장에서 현장 텍스트로 이동하기 (From field to field texts)	자료 수집
	3단계	3차원 탐구 공간 기반 현장 텍스트 구성하기 (Composing field texts)	내러티브 3차원 탐구 공간 기반 현장 텍스트 구성
	4단계	현장 텍스트에서 중간 연구 텍스트로 이동하기 (From field texts to interim research texts)	현장 텍스트-중간 연구 텍스트-연구 텍스트의 상호 작용
	5단계	연구 텍스트 작성하기 (Composing research texts)	연구 텍스트 완성 및 연구 참여자 최종 확인

---

106 John W. Cresswell, *Qualitative Inquiry & Research Design* (CA: Sage, 2007).

연구 현장에 들어가기 전 준비 단계에서 연구자는 내러티브 연구에 대한 성찰적 탐구(Inquiring into researchers' own stories of experience)를 수행해야 한다. 이는 연구자 스스로를 연구 공간의 구성원으로 초대하기 위한 시작점이고 중요한 과정이다.

내러티브 탐구의 실행 과정은 다음과 같다. 첫째, 현장에 존재하기 (Living in the field)이다. 연구자는 연구 참여자의 현장 속으로 들어가서 연구 참여자의 삶을 경험한다. 둘째, 현장에서 현장 텍스트로 이동하기 (From field to field texts)이다. 이 단계에서 연구자는 다양한 형태의 자료들을 수집한다. 셋째, 현장 텍스트 구성하기(Composing field texts)이다. 현장 텍스트는 3차원 내러티브 공간에 주의를 기울여 구성된다. 연구자와 연구 참여자가 여러 '상호 작용'을 통해 현장 텍스트가 구성되고, 참가자의 이전 경험에 대한 삶의 성찰과 참가자의 현재 성찰(연속성)을 통해 내적, 외적 반응 등을 탐색하며, 사건에 관련된 장소뿐만 아니라 삶이 관련된 '장소'로 관심을 옮겨 보며 참가자의 현장 텍스트를 구성한다. 넷째, 현장 텍스트에서 중간 연구 텍스트로 이동하기(From field texts to interim research texts)에서는 현장 텍스트 - 중간 연구 텍스트 - 연구 텍스트의 상호 작용 과정을 통해 최종 연구 텍스트 작성으로 접근하는 과정이다. 마지막으로 연구 텍스트 작성하기(Composing research texts)이다. 이 단계에서 연구자들은 구성된 텍스트를 연구 참여자들에게 공유하고, 그들의 확인을 받는 과정을 거친다.[107]

내러티브 탐구에서의 경험은 '이야기 된 경험'을 의미한다. 내러티브

---

107 D. Jean Clandinin & Vera Caine, *Narrative Inquiry-The Sage Encyclopedia of Qualitative Research Methods*, Ed. Lisa M. Given, (Thousand Oaks, CA: SAGE Publications, 2008), 542-545.

탐구에서는 연구 참여자의 이야기를 연구자의 시각으로 분석하고 해석하여 재구성된 내러티브를 만드는 데 중점을 두고 있다. 내러티브를 통해 자신의 경험에 대한 지식을 다른 사람과 공유함으로써 사회적 상호 작용에서 일종의 정당화를 시도하는 것이라고 바라본다. 연구자들은 연구 참여자들과 함께 삶을 살아가고, 이야기하고, 다시 이야기하며, 다시 삶을 살아가는 과정을 통해 그들의 경험을 드러내고 경험의 의미를 구성하는 과정을 통해 인간의 경험의 의미를 탐구한다.[108] 내러티브 탐구는 연구방법론으로서의 기능뿐만 아니라, 인간 경험에 대한 적절한 이해와 연구자와 연구 참여자 모두의 내면의 성장과 변화를 촉진할 수 있다는 점에서 가치 있다.[109]

4. 예수의 상담 사례 연구

예수의 상담 방법들에 대해 고찰해 보면 예수는 대상의 인격을 존중하고 이해하는 자였다. 그는 타인을 무시하지 않는 겸손함을 지녔으며, 상대방의 환경 여건이나 신분 등 인간의 외적 모습으로 판단하지 않았다. 그렇기 때문에 언제나 친절과 사랑의 자세로 내담자를 대할 수 있었으며 허물없이(당시 문화와 사회 제도, 남녀 차별 등) 대화를 나눌 수 있었다. 그는 명쾌한 화제로 연결하기 위해 상대방의 심리를 정확하게 포착할 줄 알았으며 인간의 욕구를 심리적으로 잘 파악했다. 그리고 가장 중요한 것은 대상을 영혼으로 인식하고 살리는 것에

---

108 염지숙, "교육 연구에서 내러티브 탐구(Narrative Inquiry)의 개념, 절차, 그리고 딜레마," *교육인류학연구*, Vol.6, No.1(2002): 119-140.
109 김필성, "내러티브 탐구 과정의 의미에 대한 고찰," *내러티브와 교육연구*, Vol.7, No.2(2019): 53-71.

초점을 뒀으며, 인간의 자유 의지적인 측면과 죄의 문제를 절대로 간과하지 않았다는 점이다.

성경에 등장하는 인물들은 마냥 위대하기보다는, 인간적인 갈등과 아픔, 상처들이 많았다. 그들도 우리와 같은 인간이었기에 사랑과 적절한 위로, 따뜻한 격려가 반드시 필요했을 것이다. 그렇기 때문에 성경 인물들에 대한 인간 이해를 심리학 관점으로 접근해 보고 상상하며 그들을 수용하고 더 깊게 이해함으로써 오늘날 우리 삶의 모습까지 성경의 상황 속에 비추어 보는 것이 큰 도움이 될 수 있다고 믿는다. 이런 다양한 부분들을 통해 예수가 놀라운 상담가(Wonderful Counselor)로서 얼마나 놀라운 통찰력을 가졌는지 몇 가지 구체적인 사례들을 깊숙이 살피며, 이전에 연구되거나 다뤄지지 않은 부분들도 연구해 나갈 것이다.

1) 여리고의 삭개오(눅 19:1-10)
- 편견 없이 다가가 내담자의 변화를 이끄는 상담

심리학자 헨리 머레이(Henry A. Murray, 1938)는 "전자의 성취 동기(achievement motivation)는 의미 있는 성취, 기술이나 아이디어의 숙달, 제어 그리고 높은 기준을 신속하게 달성하려는 욕구이며, 성취 동기가 높은 사람은 도전거리에 대한 불굴의 정신 덕분에 더 많은 것을 성취한다"[110]고 주장했다. 예수의 삭개오와의 상담은 이러한 성취 동기가 높았던 세리장 삭개오를 치료하게 된 사례로 이해할 수 있다. 삭개오는 자신의 삶과 재산에 대한 불만과, 인생에서 무언가 더 중요한 것을

---

110 Ibid., 252.

찾고자 하는 욕구를 가지고 행동했던 내담자로 볼 수 있기 때문이다. 이는 자아 식별과 성장, 삶의 의미와 방향에 대한 고민을 나타내는 특징으로 볼 수 있을 것이다. 과연 예수는 삭개오의 어떤 점을 보았던 것인가?

삭개오는 내적으로 자신 안에 어떤 문제가 있다는 것을 느끼고 삶의 의미와 목적을 탐색하고자 예수를 만나려 했다. 상담가 예수의 명성을 듣고서 말로 표현할 수 없는 우울함과 낮은 자존감을 회복시키고 싶은 기대감을 가졌으나, 주변 사람들의 시선과 따돌림으로 예수에게 쉽게 다가가기 어려웠던 것이 사실이다. 당시 '세리'라는 직업은 사회적으로 좋은 시선을 받을 수 없었으며, 삭개오는 그 세리들 중에서 세리장이었다. 당시 여리고성에서도 유명하여 사람들에게 혐오감과 미움을 사고 있는 상황이었기에 군중에게 배려를 받으며 예수를 구경할 수 있다는 생각을 할 수 없었다. 로마 정부 위탁 세리장으로서 사회적 신분이 높고 물질적 상황이 좋았으나 세금 명목으로 같은 민족의 돈을 갈취하는 것으로 인해 따돌림을 받으며 주위 사람들과 관계가 원만하지 못하며 이웃, 특히 같은 민족에게 미움을 받는 상황에 처해 있었다. 사회적인 지위도 있고 가정도 있었겠지만 그는 여전히 이런 상황에서 스스로 해결할 수 없는 외로움을 지녔던 것으로 보인다. 사람들로부터 배척받는 상황과 자신이 매국노와 같은 삶을 사는 것처럼 여겨졌을 때 그는 마음이 힘들었을 것이다. 또한 남자로서 신체적 부족함에 따른 열등감으로 자존감이 낮았을 것이며, 낮은 자존감을 사회적 신분으로 이겨 내기 위해 세리장이 되었을 가능성이 있다. 그역시 행복하게 살고 싶은 마음이 있었을 것이다. 그 시점에서 예수와 삭개오의 만남이 시작되었다.

그래서 키가 작았던 그는 내면적인 어려움 속에서 예수와 무리들이 이동할 것이라 생각하는 곳에 미리 도착하여 높은 나무 위로 올라가 기다리려 했다. 나무 위로 올라간 그의 심리 상태는 기대감, 긴장감, 여전히 해결되지 않은 도덕적인 문제에 대한 두려움이었을 것이다. 또한 당시 유대인들이 입었던 옷의 특성상 높은 곳에 올라갈 경우에는 하부가 노출되어 들키게 되면 사람들로부터 놀림을 받아 수치를 겪게 될 것을 각오해야 했다. 이런 삭개오의 모습은 인간이 공허함과 외로움 속에서 가질 수 있는 극단적이고 모험적인 가능성이 존재함을 시사한 다고 볼 수 있다. 높은 나무에 올라간 그의 마음을 생각해 보면, 어려움 속에서 간절함을 지니고 상담가에게 나아오는 내담자의 마음과 비슷 하리라 여겨진다. 삭개오는 자신의 노력으로 예수를 만날 수 있는 것 이라 확신할 수는 없었다. 혹여나 예수가 다른 길로 가서 자신을 발견 하지 못한다면 만날 수 없었을 것이다. 또는 예수가 자신에 대해 안 좋은 사실을 들어 편견을 지녔거나 자신을 발견하고도 무시할 상황에 대한 긴장과 초조함도 존재했을 수 있다.

그런 삭개오를 향한 예수의 상담은 가장 먼저 그를 바라보고 그의 '이름'을 불러 주는 방법을 택했다. 그의 이름을 불렀던 것은 당시 그를 알고 있던 여리고의 모든 사람들의 시선이 나무 위로 향하게 되는 것을 의미했다. 그러나 예수가 어떤 의미로 그를 불렀는지 알 수 없는 상황 에서 삭개오는 홀로 나무 위에 매달려 수많은 사람들의 시선을 받는 그 순간 예상하고 걱정했던 수치심 대신, 그저 자신의 이름을 불러 준 예수의 두 눈과 그의 따뜻한 온기만을 느꼈을 뿐이었다. 예수는 삭개오의 이름을 부르며 인격적으로 그에게 다가가 관계하려 하였다. 그 행동은 삭개오에게 멀리 보일 수 있던 대상이 아니라 바로 앞에서 그를 채워

주는 존재로 있기 위함이었다. 이 극적인 장면에서 수고하고 무거운 짐을 진 삭개오에게 예수는 자신을 보도록 이름을 불러 주었다. 사실 삭개오는 여리고에서 누구보다 가장 무거운 짐을 지고 있었을 것이다. 그런 외롭고 인정받지 못한 삭개오에게 그 짐을 덜어 주는 방법은 바로 누구보다 그의 이름을 불러 주는 일이었다. 그래서 예수는 삭개오의 이름을 부르며 그가 외로움과 무거운 짐을 자신에게 내려놓기를 원했다. 바로 예수가 이름을 불러 준 순간 삭개오는 자신의 인생이 특별하다는 것을 느끼며 아름다운 '꽃'이 될 수 있었던 것이다.

> 내가 그의 이름을 불러주기 전에는
> 그는 다만
> 하나의 몸짓에 지나지 않았다.
>
> 내가 그의 이름을 불러주었을 때,
> 그는 나에게로 와서
> 꽃이 되었다.
>
> 내가 그의 이름을 불러준 것처럼
> 나의 이 빛깔과 향기에 알맞는
> 누가 나의 이름을 불러다오.
> 그에게로 가서 나도
> 그의 꽃이 되고 싶다.
>
> 우리들은 모두
> 무엇이 되고 싶다.
> 너는 나에게 나는 너에게
> 잊혀지지 않는 하나의 눈짓이 되고 싶다.[111]

바로 이것이 상담가와 내담자의 인격적인 만남의 순간인 것이다. 내담자에게 상담가가 바로 내 옆에 있는 존재임을 바로 느끼도록 이끌어줘야 하는 것이다. 반드시 그래야만 수고하고 무거운 짐에서 벗어날 수 있는 길이 열린다. 이름을 불러 준다는 것이 이렇게 중요한 일이다. 그리고 놀라운 상담가(Wonderful Counselor)가 곁에서 이름을 부르는 것이다. 그의 음성을 듣고 문을 열면 그와 함께 안식을 누리게 된다.[112] 그리고 내담자는 이 과정에서 상담가의 음성을 듣고 마음으로 느껴야 한다.

인정받고 존중받을 때 나는 꽃처럼 피어납니다.
커집니다. 재미있는 사람이 됩니다.
그러므로 인정해 주거나 사랑해 주는 것,
그리고 인정받거나 사랑받는 것은 성장을 크게 촉진시켜
주는 경험입니다.[113]

예수는 삭개오를 인정해 주고 존중함으로 그의 '꽃'을 만개하도록 만들었다. 또한 예수는 삭개오의 이름뿐만 아니라, 만나는 다른 모든 사람들의 이름을 이미 알고 있었던 것으로 보인다. 그는 대상을 치료하기 위해 그 대상에 대해 알고 있었다. 시몬의 이름도, 세리 마태의 이름도, 사울의 이름도 이미 알고 있었다.

---

111 김춘수, 「꽃」 (지식을 만드는 지식, 2012), 20.
112 계 3:20.
113 Carl Rogers, op. cit., 42.

문지기는 그를 위하여 문을 열고 양은 그의 음성을 듣나니
그가 자기 양의 이름을 각각 불러 인도하여 내느니라. (요 10:3)

예수는 자신이 담당하는 대상들을 번호나 숫자로 생략해서 부르지 않았다. 군중 속에 있는 무리 중 하나로 인식하지 않았다. 한 사람 한 사람을 귀하게 여기며 그 대상을 치료하기 위해 기꺼이 다가가서 모든 것을 알려고 노력했다. 모두가 모습과 특징은 다 달랐지만 그 대상의 독특성과 배경적인 이해까지 고려하여 대상에 맞는 치료를 감행한다. '패치 애덤스(Patch Adams)'가 환자들의 각각의 이름을 부르며 당시 환자를 병명이나 숫자로 부르던 의료계 상황을 뒤집은 장면은 사람들의 마음을 움직이기 충분했다.

나는 선한 목자라 나는 내 양을 알고 양도 나를 아는 것이
아버지께서 나를 아시고 내가 아버지를 아는 것 같으니
나는 양을 위하여 목숨을 버리노라. (요 10:14-15)

예수가 내담자들의 이름을 알고 부르는 일은 그의 희생이 감수되어 있었다. 내담자들이 힘들고 어렵고 지쳐 쓰러져 있을 때 온전히 그들을 구하기 위함이 그의 마음의 동기였다. 상담을 받는 이들을 진심으로 살리고 싶었던 것이다. 예수가 삭개오의 이름을 불러 주는 것만으로도 아마도 그의 가슴이 터질 것 같았을 텐데, "삭개오야 속히 내려오라. 내가 오늘 네 집에 유하여야 하겠다"(눅 19:5)라고 말한다. 여리고의 모든 대중들이 나쁜 사람이라고 여기며 근처에도 가기 싫어하는 존재에게

함께 거하겠다고 말했던 것이다. 이름을 불러 준 것으로도 모자라 집으로 함께 가기 원한다. 그것은 그의 이름을 불러 마음 문을 열고 그의 마음 안으로 들어가는 수준의 상황이었다. 이 상황에 삭개오가 나무에서 내려오면서 즐거워했다고 기록한다. NIV 성경에는 'Great Joy' 라고 표현하며 크게 즐거워하며 말로 형용할 수 없는 기쁨을 삭개오가 느꼈음을 시사한다.

> 다른 사람을 진심으로 소중히 여겨 주고 좋아하고
> 사랑할 수 있을 때,
> 그리고 그러한 느낌을 그 사람에게 흘려보낼 수 있을 때,
> 나는 풍성함을 느낍니다.[114]

예수는 그런 삭개오를 사람들로부터 따로 떼어 내어 존중해 주고, 그와 함께 식사하며 이야기를 나누는 시간을 가졌다. 그리고 삭개오는 예수를 '주님(Lord)'이라고 부르기 시작한다. 삭개오는 예수를 만나면 자신의 무거운 마음의 문제가 해결될 것이라 기대하여 보러 나갔던 것인데, 그 이상으로 만남의 즐거움과 변화가 일어나기 시작한다. 많은 상담가들은 상담을 통해 내담자가 상담가를 믿고 의지할 때 이러한 변화가 일어나기를 원한다. 그러기 위해서는 사실 그 만남이 먼저 내담자에게 즐거움이 되어야 할 것이다.

아마 예수는 삭개오와 이어진 대화에서 그가 왜 진정한 만족감을 느끼지 못하는지에 대해 물었을 것으로 보인다. 이를 통해 예수는

---

114 Carl Rogers, op. cit., 39.

삭개오의 내면적인 욕구와 문제점을 파악했고, 그가 이것을 극복하도록 이끌었던 것이다. 이러한 방식은 내담자의 속마음을 이끌어 내고, 진정한 의견과 욕구를 파악하는 데 효과적이다. 그래서 삭개오는 기뻐하며 많은 재산을 가난한 자들에게 절반을 나누어 주겠다고 말한다. 그는 그동안 돈을 쥐고 있어야 자신의 약점, 상처를 덮을 수 있다고 믿고 살아왔을 것이다. 그러나 아이러니하게도 그러한 노력들은 자신을 다른 이들로부터 더 외면당하게 만들었다. 그래서 자신의 인생의 문제를 어떻게 해결해야 할지 몰랐던 것이다. 그 누구도 삭개오를 찾지 않았으며 그의 곁에 머물러 있으려 하지 않았다. 그래서 더욱 돈이라는 지푸라기를 붙잡아야만 하는 인생을 살아야만 했던 것이다. 그런데 그랬던 그가 예수를 만나니 답을 찾고 즐거워진 것이다. 그래서 이전의 물질적인 것들이 더 이상 크게 필요하지 않다는 마음의 변화가 일어나게 되었다. 삭개오의 내면에서 원하던 바는 사회적인 지위나 물질적인 것을 쌓는 것이 아니라 관계를 통한 만남의 즐거움이었던 것이다. 그 어떠한 것들도 삭개오의 마음을 즐겁게 만들지 못했으나, 놀라운 상담가 예수를 만나니 인생의 참 기쁨을 느끼게 되었다. 로저스는 "사람은 수용받고 소중히 여김을 받을수록 자기 자신을 돌보는 태도를 더욱더 발달시키게 된다"[115]고 했다.

그리고 더 나아가 이제 예수는 삭개오에게 중요한 말을 하기 시작한다. 삭개오의 집과 그 가족이 구원을 받게 된 것을 말한 것이다. 삭개오 한 사람의 변화 때문에 그의 가족 전체가 구원을 받게 된다는 의미이다. 이것을 통해 가정 안에서 한 사람의 변화가 얼마나 큰 파급력을 갖는지 깨달을 수 있다. 실제로 여러 상담 사례들을 통해 내담자의

---

[115] Ibid., 132.

개인적인 변화가 그 가족 구성원들에게 긍정적인 영향을 크게 끼친다는 사실을 잘 알 수 있다.

놀라운 상담가인 예수는 자신이 이 땅에 온 목적을 삭개오와 같이 방황하는 이들을 위해서라고 말한다. 삭개오와 같은 사람이란, 바로 치료가 필요한 모든 이들을 의미하는 것이다. 그래서 예수는 바로 자신이 치료하는 모든 대상들을 위해 그의 인생을 살아가려 했던 것이다. 예수는 치료할 대상들을 만나고 그들의 인생 문제를 해결하는 최고의 조언자였으며, 그들을 즐겁게 만들었다. 그것은 예수가 놀라운 상담가였음을 증명하는 일이다. 내담자들은 그렇게 예수와의 만남을 통해 자신의 속박이나 억압에서 해방되어 자유해질 수 있었다.

그러나 여기서 예수의 상담의 큰 조건이 있는데, 일단 내담자 스스로가 마음의 문을 열어야 하는 것이었다. 그 의미는 상담가의 음성을 듣고 내담자는 스스로 문을 열어야 한다. 그러나 예수는 치료받기 원하는 내담자가 스스로 의지를 갖고 문을 열기를 늘 기다리는 방법을 택했다. 상담의 과정에서 예수는 대화를 통해 그가 도덕적으로 옳지 않은 삶이라 정죄하거나 비판하지 않았다. 대신 삭개오의 내면에서부터 스스로 변화가 일어나도록, 그가 스스로 올바른 결정을 내릴 수 있도록 도와주었다. 이것은 자신의 의지로 결정하는 삶이 되어 더 강력한 힘을 발휘하게 만들며, 상담가가 내담자의 내면적인 변화를 유도하는 것이었다. 이러한 방식으로 예수는 대화에서 그의 문제를 찾아내고, 이를 해결하기 위한 방안을 찾아내는 데 성공하였던 것이다. 그렇게 삭개오는 예수와의 대화를 통해서 내적인 욕구와 스스로의 불만을 표현했으며, 예수는 그를 수용하고 이해하는 자세로 대응하며 그의 불만을 해소하고자 노력했다. 이러한 상담 과정은 삭개오가 자기 발견과 개인적인 성장을 위한 여정을 시작할 수 있도록 돕는 역할을 하게 되었다.

성경에서 삭개오와 대조되는 인물은 누가복음에 등장하는 부자 청년이다. 그도 역시 예수와 만났고 함께 이야기를 나눴다. 그도 삭개오처럼 돈이 많았고 더 나아가 자신이 율법을 잘 지키는 삶을 산다며 결백성을 주장했다. 그 부자 청년도 자신에게 해결되지 않은 인생의 문제가 있었고, 예수는 그의 문제를 조명하며 함께 해결하려 했다. 그래서 예수는 상담에서 그가 붙잡고 의존하고 있는 물질적인 것들을 가난한 자들에게 나눠 주라고 권면했다. 예수는 부자 청년 스스로의 인생이 자유하지 못하고 억압되어 방황하는 이유를 파악했기 때문이다. 그는 보기에는 가장 올바른 것 같았지만 놀라운 상담가 예수에게 갇히고 억눌린 자로 인식되었다. 그래서 그의 문제를 건드리지 않고서는 다음 단계로 나아갈 수가 없었던 것이다. 그러나 부자 청년은 결국 그 조언을 듣지 않고, 예수와의 상담에 즐거워하지 못하고 근심하며 변화 없이 다시 길을 돌아가게 된다. 예수는 산상수훈에서 "심령이 가난한 자가 복이 있다"고 언급했다. 이것은 '가난한 사람은 복이 있다'처럼 물질적 소유물을 버리는 것만을 뜻하는 것이 아니며, 오히려 '심령이 가난하다'는 것은 내면의 세계가 고차원적으로 발달된 상태를 의미했다.[116] 부자 청년을 그러한 길로 인도해 주고자 했지만 그의 의지가 그 길로 나아갈 수 없었다.

---

[116] Joshua J. Knabb, *Acceptance and Commitment Therapy for Christian Clients* (NY: Routledge, 2017), 140.

누가복음에 비슷한 시간대에 예수는 세리장인 삭개오를 만났다. 당연히 삭개오도 부자 청년 못지않게 돈이 많은 부자였을 것이다. 그런데 한 사람은 예수를 만나서 즐거워졌고 또 한 사람은 예수를 만나서 근심하며 돌아가야 했다. 그리고 결론적으로 변화된 사람은 즐거워진 사람이었다. 이를 통해 상담을 받는 내담자의 열린 마음을 통한 반응이 가장 중요하다는 것을 깨달을 수 있을 것이다.

여기서 핵심은 예수와 다른 사람들도 똑같이 삭개오를 함께 바라보았다는 사실이다. 하지만 예수와 다른 이들은 같은 관점으로 삭개오를 바라보지 못했다. 분명 삭개오는 모두에게 같은 존재로 같은 시간 속에 있었다. 그런데 예수는 삭개오를 특별한 존재로 바라봤지만, 다른 이들은 그를 그냥 지나치고 마는 세리장으로만 인식했다는 것이다. 삭개오는 당시 사회문화적으로 사람들에게서 비호감을 살 수밖에 없었고 보편적으로 사람들이 싫어할 조건들을 많이 가지고 있었기 때문일 것이다.

마틴 부버(Martin Buber)는 '나-I'와 '너-Thou'라는 개념을 제시하며, 인간관계의 본질적인 특성과 중요성을 탐구했었다. 여기서 '나-I'는 자아 중심적이고 분리된 존재를 의미하며, 이것은 사람과 사물을 이해하고 다루는 태도를 의미한다. 반면에 '너-Thou'는 상대방과 진정한 대면과 소통을 통해 형성되는 관계의 대상을 의미한다. '너-Thou' 관계는 존중과 이해를 바탕으로 상호 작용하며, 서로를 인정하고 존중하는 자세에서 출발한다. 그러나 대부분의 관계에서 '나와 너'의 관계가 아닌 '나와 그것'의 관계로 대상을 인식하는 경우가 많다는 것을 말한다. '그것-It'으로 바라봐지는 대상이 '너-Thou'가 될 때에 비로소 그 대상과 진정한 대면과 소통이 이루어지고 새로운 길을 맞이할 수 있게 되는 것이다. 여기서 예수는 삭개오를 '너-Thou'에 해당하는 존재로서 인식하였지만, 사람들은 그를 그저 지나치게 되는 '그것-It'으로만 인식하였던 것이다.[117]

그렇게 '나-I'와 '너-Thou'의 관계가 중요하며, 이러한 관계가 이루어질 때 비로소 관계에 대한 참된 의미와 가치를 발견할 수 있다. 이것은 인간의 본성적인 욕구와 필요성을 충족시키는 관계성이며, 이로 인해 윤리적인 행동과 사회적인 공동체 형성에 기여하는 관계로 나아갈 수 있다. '나와 너'의 관계는 개인과 사회, 인간관계에 대한 심층적인 사고를 제시하는 것이 가능하며, 상호의존성과 상호연결성을 다룬다. 또한 이 개념은 사랑과 관계의 본질에 대한 이해를 돕고, 서로를 존중하는 관계를 형성함으로써 인간의 성장과 발전을 촉진하는 방향으로 이끌어 준다.

그러나 모두가 삭개오를 '그것-It'으로 취급하며 지나쳐 갔었다. 어느 누구도 그에게 흥미를 갖고 그와 깊이 관계하며 그의 이야기를 듣고 싶어 하지 않았다. 반면에 예수는 삭개오를 '그것-It'으로 보지 않았고 '너-Thou'로 바라봤다. 다른 이들처럼 삭개오를 '그것-It'으로 보고 그냥 지나칠 수 있었지만, 예수는 삭개오를 '그것-It'이 아닌 '너-Thou'로 바라보고 그와 관계하려 했다. 겉으로만 보이는 외적인 부분들로 쉽게 판단하는 것이 아니라 그에게 머물러 그의 마음을 보고 인생의 이야기에 얽힌 실들을 풀어 주어 그를 구속하는 것들에서 해방시켜 자유하도록 이끌어 주려고 다가갔다. 그 누구도 다가가

---

117 Martin Buber, 「나와 너」 김천배 역, (서울: 대한기독교서회, 2000).

해결할 수 없다고 생각할지 모르는 삭개오의 인생에 한 줄기의 강렬한 빛이 비치는 일이었다. 놀라운 상담가 예수는 사람들이 이해하는 관점이 아닌 다른 시각으로 삭개오를 바라볼 수 있었다. 삭개오의 평판이나 세리장이라는 사실은 그에게 전혀 중요하지 않았다. 예수는 단지 삭개오의 마음의 짐을 보았던 것이다. 이것이 이웃이 보는 삭개오와 예수가 보는 삭개오가 달랐던 이유이다. 그 대상을 근심 속에서 머물게 만드느냐, 그 대상을 곁에서 도와 즐겁게 만드느냐의 차이였던 것이다.

예수의 탕자 이야기(눅 15)에서 아버지는 반항적인 아들을 안기 위해 달려간다. 아버지의 아낌없는 은혜에 반대하는 형과 예수가 이야기를 전했던 종교 지도자들처럼, 우리는 종종 하나님의 관계적 열정의 정도를 인식하지 못하는 것 같다. 당시 죄가 많다고 느꼈던 삭개오를 향한 예수의 열정은 탕자의 아버지처럼 깨어진 관계를 회복하기 위해 한결같은 사랑과 신실함이 얼마나 가득한지 보여준다. 예수는 탕자의 아버지처럼 버려진 삭개오를 향해 먼저 나아가고 있었다.

사실 삭개오의 이름은 '정의롭고 순결한 자'를 의미했다. 삭개오는 지금까지 식민지 상황에서 사람들 눈에 불의한 삶을 사는 것처럼 보였지만, 그의 숨겨진 마음 안에는 이름대로 정의롭고 순결하게 살아가고 싶던 마음이 있었을 것이다. 그러나 세상이 만들어 놓은 거대한 사회문화적인 체제 속에서 소망과 달리 불의한 사람이 되고만 것이다. 그러나 예수는 누구보다 정의롭고 싶었던 그의 속마음을 알아차렸던 것이다. 예수는 상담을 통해 세리장으로 살아야만 했던 유쾌할 수 없는 삭개오의 인생이 그가 정말 원하는 정의롭고 순결한 삶을 살 수 있도록 길을 열어 주길 원했다. 그래서 예수는 '그것-It'이 아니라, '너-Thou'로 바라보는 관계로 그에 앞에 섰던 것이다.

상담을 받는 많은 내담자들은 자신이 얼마만큼 힘든지, 얼마나 속상한지, 자신이 하고 싶은 것이 무엇인지 말하지 못한다. 내담자가 마음을 열지 못하는 이유는 상담가가 자신의 이야기에 정말로 귀를 기울일 것인지 염려하기 때문이다. 그러나 상담가가 내담자의 속마음을 진심으로 이해하려 노력하여 '나와 너'의 관계로 나아갈 때 내담자의 태도는 반드시 달라질 것이다.

여리고의 어떤 이웃들도 이전의 삭개오를 변화시키지 못했다면 이제 예수가 사용했던 방법으로 대상에게 새롭게 나아가야 한다. 그리고 이와 같은 방법으로 오늘날 현실 속에서 어려움 가운데 처한 이들에게 상담을 통한 도움을 줄 수 있어야 한다. 그것은 서로가 서로를 바라보는 시각을 바꾸어 주는 일일 것이다. 그러기 위해 그들 마음에 있는 아픔부터 온전히 바라볼 수 있어야 할 것이다.

예수의 상담을 배우려면 마음이 온유하고 겸손해야 한다. 상담가의 기준으로 내담자를 바꾸려고 노력하는 것이 아니라, 내담자와 올바른 관계를 맺고 그의 깊은 아픔부터 바라볼 수 있어야 한다. 그리고 그 아픔을 만져 줄 때 직접 모든 것을 알려주지 않아도 그들 스스로 변화될 수 있는 길이 열리게 된다. 기독교 상담가들은 이런 방법으로 내담자들의 인생을 변화시켜가야 하는 것이다. 내가 세워 놓은 공식이나 원하는 바대로 변화시키는 것이 아니라, 대상의 아픔과 어려움이 무엇인지 알기 위해 노력할 수 있어야 한다. 먼저 내담자에게 물어봐 주면 그들은 그것으로 인해 스스로 변화되는 길로 들어선다. 그리하여 자기 속에 있는 참모습을 찾아갈 수 있게 되는 것이다. 바로 이 방법이 성경에 나와 있는 예수의 상담 방법이었다. 인격적인 관계로 다가가며,

사회적 편견 없이 존재에 다가가고, 내담자의 이름을 부르며 함께하며, 다른 이들의 아우성이 아니라 내담자 한 명에게 집중하는 상담가 예수의 모습이었다. 우리 상담가들은 예수의 이 탁월한 방법으로 노력해야 할 것이다.

2) 사마리아 수가성 여인(요 4)
- 왜곡된 욕구, 관계 중독 상담

요한복음의 기자는 사마리아 여인과 예수의 만남에 대해 비교적 많은 분량을 할애하여 소개하며 예수가 최고의 상담가인 이유를 알려주고 그의 탁월한 상담 기술을 보여준다. 사마리아인은 기원전 722년 북왕국 이스라엘이 앗수르에 멸망한 뒤 이곳에 이주해 온 이방인과 유대인 사이에 태어난 혼혈 족속이었다. 유대인들은 이들이 혈통과 종교를 더럽힌 것과 정치적인 이유로 인해 멸시했었다. 사마리아 사람들과 유대인들은 함께 식사를 하지 않는 것은 물론이고 그릇도 함께 사용하지 않았다. 그런 배경에서 예수는 갑자기 사마리아로 향한다.

> 유대를 떠나사 다시 갈릴리로 가실새
> 사마리아를 통과하여야 하겠는지라. (요 4:3-4)

예수는 의도적으로 사마리아로 갔던 것으로 보인다. 당시 유대인들이 다니던 행로가 아니었으며, 사마리아가 가까운 길이라도 사마리아를 거치지 않고 일부러 돌아갔다. 그러나 예수는 사마리아로 '통과하여야 (He had to go through Samaria.)'라고 나와 있다. 또한 뜨거운 해가 내리

쬐는 정오의 시간에 그곳을 가야만 할 절대적인 이유가 있었던 것이다. 왜냐하면 그곳에 그의 상담이 필요한 내담자가 있었던 것을 알았기 때문이다. 그녀와 개인적이며 사적인 대화를 나누어야 했기에 예수는 다른 제자들과 동행하지 않고 홀로 조용한 곳에서 여인을 기다리고 있었던 것이다. 당시 유대인이 사마리아 여자에게 물을 달라 하는 일은 상식적으로 이해하기 어려웠다. 사마리아인은 유대인들로부터 사회적으로 배척받던 공동체였다. 수가성 여인은 이와 같은 배경에서 사회적으로 차별받고 공동체에서 소외되는 경험을 했을 것이므로, 감정적인 상처와 내면의 고통을 가진 내담자로 이해해 볼 수 있다. 수가성 여인은 다섯 번의 결혼과 현재의 동거 상태로 인해 혼란과 내면의 고통을 겪고 있었다. 그렇기에 그녀의 과거와 현재의 관계 문제로 인해 감정적인 상처를 입었을 가능성이 있다. 소속 욕구, 즉 친애 욕구(Affiliation Need)는 인간의 근본 동기다. 사람마다 사생활과 홀로 있고자 하는 바람 탓에, 차이가 있기는 하지만 대부분의 사람들은 다른 사람과 친애하려고 하며 특정한 타인에게 지속적이고 밀접한 관계 속에서 강력히 애착하게 된다. 이 여인도 이와 마찬가지였을 것이다. 성격 이론가인 아들러(Adler)는 인간이 '공동체의 충동'을 가지고 있다고 주장하였다. 심리적 욕구는 우리의 적응 행동을 주도하며, 그 욕구가 만족될 때 심리적 웰빙(Well-being)도 고양되는 것이다. 그렇기 때문에 소속 욕구는 우리의 사고와 정서를 채색하게 되는 것이다.[118] 여기에 여인을 배제했던 공동체를 치료하고자 하는 예수의 목적도 있었을 것이다. 수가성 여인을 상담하는 예수의 상담적 목표는 개인적인 치유의 목적뿐만 아니라, 지역적이고 민족적인 치유의 목적도 갖고 있다. 먼저는 도덕

---

[118] David G. Myers, op. cit., 247.

적으로 망가진 한 여인의 치유와 회복을 위함이었다. 그리고 회복된 여인을 통해 여인이 거주하는 사마리아 지역을 변화시키고자 하는 기대가 있었던 것이다.

수가성 여인과 예수와의 대화를 통해 그녀의 존중과 사랑의 욕구가 드러난다. 인간 내면에 있는 사랑의 감정이 두뇌 보상 시스템과 안전 시스템을 활성화하는데,[119] 그녀도 예수와의 대화를 통해 무의식적으로 자신이 이해받고 수용받을 수 있는 환경을 찾고자 했던 것으로 보인다. 아무도 없어야 하는 장소와 시간에 내담자인 여인을 기다리고 있는 예수를 만났을 때 여인은 복합적인 감정을 느꼈을 것이다. 여인은 다섯 번의 결혼과 현재의 동거 상태로 인해 자신의 정체성과 자아 수용에 대한 고민을 하고 있었다. 그렇게 예수와의 만남을 통해 자신을 다시 발견하고 자아 수용을 하는 여정을 시작하게 되었다. 더 나아가 여인은 '대인 관계 문제를 가진 내담자'였다. 그래서 사회적 배제, 감정적인 상처, 관계 문제 등을 경험했고 존중과 사랑을 필요로 했다고 볼 수 있다.

내담자인 여인의 정보를 추측해 보자면 나이대는 30대에서 40대 정도로 추정할 수 있다. 여러 남편을 거치고 새로운 사람을 만날 수 있으려면 너무 나이 든 상태는 아니었을 것이기 때문이다. 또한 그녀가 예수와 대화할 때 보인 반응을 볼 때 내면에 짜증이 섞여 있거나 긴장감을 가지고 주위를 살피며, 대인을 기피했던 것을 볼 수 있다. 낮에 홀로 우물로 나아오는 상황을 보아 외롭거나 우울한 상태로도 추측해 볼 수 있다. 또한 예수와 여인의 상담 장소의 배경은 역사적으로

---

[119] Ibid., 248.

유명한 곳이었다. 야곱이 요셉에게 준 땅이었으며, 야곱의 우물이 그곳에 있었다. 역사적으로 본다면 약 2000년 이상 되는 우물로 볼 수 있다.

내담자인 여인은 폐쇄적인 삶을 살았다고 추측할 수 있다. 당시 가부장적인 사회 문화를 고려할 때 여섯 번의 다른 남성들과의 결혼 및 동거 생활은 특수한 상황이라고 볼 수 있다. 만남과 헤어짐을 반복하며 살았던 그녀는 어떤 사람이었는가? 그녀를 이해하기 위해서는 악순환의 삶을 살아갔던 수가성 여인의 불안정한 심리 상태를 들여다봐야 한다. 그녀에게 안정감을 주지 못하는 많은 대상들을 고려할 때 그녀는 매번 만남에서 안정감을 얻게 될 것을 기대했을 것이다. 그러나 반복적인 상황 속에서 그것이 불가능하다는 것을 서서히 깨닫게 되었을 것이다. 그래서 그녀는 대상 관계에 불안정함을 느꼈으며 경계성 성격장애, 의존성 성격장애의 모습을 띠게 된다. 또한 관계에 대한 중독 증상과 동반 의존, 발달 단계의 욕구가 채워지지 않은 상태로도 여겨진다. 여인이 상대방에 대한 과도한 의존을 형성하는 원인은 자아의 약점과 자아 확립의 문제로 볼 수 있다. 그로 인해 자아 확립 과정에서 경험한 부적절한 동화나 구속이 관계 중독을 유발할 수 있었음을 예상할 수 있다. 관계 중독은 보통 어린 시절의 트라우마에 뿌리를 두고 있다. 자존감이 부족하거나 어린 시절 미흡한 돌봄을 받다 보니 다른 사람들에게서 지속적인 확신을 찾으며 자라 왔을 수 있다. 개인의 삶에서 특별히 어린 시절에 겪어야 하는 민족적 삶의 어려움에 집중하던 그녀는 정신분석학적으로 내면에 있는 진정한 무의식적 욕망을 깨닫고, 그것을 자신만의 방식으로 실현시켜 나가는 삶을 '욕망의 삶'이라고 여겼던 것이다.

사회적 고립은 사람들을 심적 와해와 건강을 잃어버리는
위험에 빠뜨리기도 한다. 그렇지만 인정받고 있다는 느낌과
사회적 연대감이 증가하면 자존감과 긍정적 감정
그리고 신체 건강도 개선된다.
사회적으로 연결되어 있는 삶이야말로 행복하고 건강한
삶이다.[120]

일부 관계 중독은 혼자 있거나 버려진 것에 대한 뿌리 깊은 두려움
에서 발생하며, 관계 중독자는 때때로 건강하지 않은 관계에 있을 때
그것을 인식하지 못할 수 있다. 관계 중독의 증상으로는 많은 평가
절하, 욕설, 침묵, 통제 또는 감정적, 육체적 학대와 관련된 관계를
끊을 수 없는 경우가 있으며, 자제력이 상실되고, 관계 밖의 삶은 없어
지므로 파트너가 무관심하더라도 그를 너무 사랑하는 경향이 있다.
그래서 파트너의 끊임없는 무관심과 학대는 자존감을 떨어뜨릴 수 있다.
또한 상대방이 관계를 끝내면 감정적으로나 정신적으로 장애가 생길
만큼 나빠질 수 있다. 달린 랜서(Darlene Lancer)는 "관계 중독자의 내면
에는 자기가 사랑스럽지 않고 부끄러워서 사라져 버리고 싶은 나쁜
감정, 즉 수치심이 있다."[121]고 말한다. 그래서 수치심은 건강한 관계에
요구되는 모든 행동과 소통을 망가뜨리며, 수치심과 관계 중독은
서로를 자양분으로 삼아 우리의 삶을 망치게 되는 것이다.

---

[120] Ibid. 249.

[121] Lancer Darlene, *Conquering Shame and Codependency* (Hazelden Publishing, 2014)

또한 그녀가 특별히 영적인 측면에 대한 목마름이 강했다는 사실에 주목해야 한다. 인간의 가장 근본적인 욕구는 하나님을 깊이 갈망하는 것이다. 그리고 그녀가 진정한 예배를 갈망한 이유는 구약과 신약 중간사에 발생한 일과 관련이 깊었다. 사마리아의 파괴로 쫓겨났던 사마리아인들이 세겜으로 옮겨와서 새로운 도시를 건설했다. 그리고 그리심산 위에 자신들의 성전을 새로 건축함으로 예루살렘 성전과 결별한 것이다. 이것은 사마리아가 파괴되고 마케도니아 식민지가 되었던 훨씬 더 후대에 일어났던 것으로 예상된다. 그리고 그리심산의 성전은 200년이 지나 마카비 항쟁에서 완전히 파괴되었다. 사마리아는 이때부터 이방적인 영향 아래에서 헬라의 도시로 존재하게 되었고 그것이 신약 시대까지 이어졌다. 그래서 신약 성경에 나오는 유대인들과 사마리아인들의 적대감이 계속 진행되는 것을 복음서를 통해 볼 수 있는 것이다. 그러나 예수의 사마리아를 향한 접근으로 인해 처음으로 그 깊은 갈등을 극복할 길이 열렸다고 말할 수 있다.

크랩(Crabb)은 인간의 가장 근본적인 욕구는 하나님을 향한 깊은 갈망이라고 말했다. 그녀 역시 예배에 대한 갈망을 가지고 있었다. 그래서 여인은 예수에게 종교적 성취에 관한 질문을 한다. 그러나 예수는 종교적 성취나 합당한 예배에 관한 그녀의 질문에 답을 주는 상담을 하거나, 관계성 속에서 안정감을 찾는 것이 잘못이라고 지적하지도 않았다. 예수는 그 여인의 가장 깊은 필요를 말했다. 그녀의 삶에 찾아와서 가장 깊은 목마름을 해결해 주려 한다. 예수는 일시적인 목마름을 해결해 주는 우물에서 물 긷는 것을 그만두고 영원한 내면의 만족으로 나아오라고 인도한다. 예수는 여인의 변화를 위한 전략으로 먼저 내담자인 그녀와 접촉해야 했고, 그녀의 문제를 직면해야 했다.

무엇보다 예수의 상담에는 상담의 일반적인 원리와 전략들이 존재하지만, 무엇보다 철저하게 하나님의 말씀에 근거하며 동시에 상담의 원리와 전략을 취하여 임한 것을 보게 된다.

예수의 수가성 여인과의 상담 과정을 살펴보면, 여인을 향해 다가가는 예수의 행동과 여인의 다양한 반응을 반복해서 보게 된다. 예수는 여인에게 다양한 방식으로 다가가는데, 내담자인 여인의 필요가 무엇인지 단계적으로 파악하고 다음으로 새로운 길을 모색하는 형태였다. 가장 먼저 예수가 여인에게 물을 달라고 나아가며 관심을 표현하자, 사마리아 여인은 유대인인 예수에 대해 다소 방어적인 반응(요 4:7, 9)을 보였다. 그러자 예수는 그녀의 깊은 관심을 끌며 자연스럽게 대화를 이어 나가지만, 사마리아 여인은 빈정대는 반응(요 4:10-12)을 보인다. 그리고 나서 예수는 사마리아 여인의 영적인 필요에 대해 언급하며 다가갔으나, 여인은 여전히 부정적인 반응(요 4:13-15)을 보였다. 이어서 예수가 여인의 가정적인 이야기에 관심을 보이며 그녀에게 배우자와의 상황을 물어보자, 여인은 화제를 바꾸는 반응(요 4:16-17)을 보인다. 그리고 예수는 사마리아 여인의 양심을 통해 다가갔으나, 사마리아 여인은 논쟁의 소지로 문제를 제기(요 4:17-20)한다. 그러자 예수는 여자의 질문에 대해 영적인 답을 주며 대화를 이끌었으나, 여자는 어떤 결단도 일체 미루려는 반응(요 4:21-25)을 보였다.

예수는 그녀의 직접적인 답변을 통해 그녀가 정확히 무엇을 필요로 하는지, 그녀의 깊은 욕망과 상처를 그녀를 통해 듣고자 했다. 공감적 검증은 이해를 보완하는 것이다. 상담 치료사는 '나는 당신을 이해합니다'라고 암묵적으로 의사소통한다. 그러한 개입을 통해 내담자의 일관된 감각을 지원하고 내담자의 경험과 행동에 대한 지속적인 탐구를 촉진하는 것이다. 공감적 검증은 내담자가 혼란스러워 할 때 그 감정에 직면하도록 하는 것으로, 내담자 자신에 대한 이해를 돕는 효과적인 방법이다. 그러한 경우 상담사의 확인은 정서적 참여를 견디고 자신의 경험을 탐색하는데 더 개방적이 되는 내담자의 능력을 강화할 수 있다. 그래서 내담자의 분노와 그 분노를 표현하는 데 대한 영적 투쟁을 공감하고 확인하는 것이 효과적이다.[122] 그렇게 예수는 이 과정을 통해 여인의 개인적인 이야기를 영적인 이야기로 전환시켰다. 예수는 대화를 나누는 각 사람의 영적 필요와 종교적 정교함을 충족시키기 위해 각 토론의 신학적 측면을 형성했던 것이다. 때론 예수는 군중들에게 이야기를 사용했지만, 바리새인들에게는 성경과 명시적인 신학적 명제를 사용하는 것을 알 수 있다.[123]

예수는 여인의 관심을 끌기 위해 성경의 역사와 예언을 언급하고, 이를 통해 그녀에게 신뢰성과 영적인 지식을 보여준다. 그리고 그는 그녀가 마시던 물, 즉 그녀가 견지해 온 삶의 방식이 결코 갈증을 해결해 줄 수 없을 것임을 일깨우고 대안을 제시한다. 결론적으로 자신이야말로 그 여인이 찾는 문제에 대한 갈증을 해결해 줄 수 있는 존재라는 강한 인상을 준다. 예수는 그녀의 상황을 비판하지 않고, 오히려 그녀의 과거를 존중한다. 가장 높은 수준의 공감적 표현은 수용과 무비판이다.[124] 이것은 더 나아가 새로운 시작과 변화의 가능

---

122 Downers Grove, *Evidence-based practices for Christian counseling and psychotherapy* (Illinois: InterVarsity Press, 2013), 16.

123 Virginia Todd Holeman, *Theology for better counseling: Trinitarian reflections for healing and formation* (Illinois: IVP Academic, 2012), 73.

124 Carl Rogers, op. cit., 167.

성을 제시할 수 있다.

예수의 상담 접근 방식은 대상의 상황과 필요에 맞게 다양한 접근
방법을 사용했다. 예수의 성경적 상담을 통해 상담 현장에서 내담자를
존중하고 이해하며 영적인 부분까지 연결할 수 있는 능력의 필요성을
느낀다. 인간의 마음속에는 누구나 다양한 욕구가 있다. 예수는 그러한
인간의 욕구를 인정하고 물질적 욕구보다 더 높은 차원의 영적 욕구를
유발할 수 있도록 순간순간 상대방의 심리를 파악하여 수가성 여인에
대해 아주 탁월한 상담을 해냈던 것이다.

예수의 상담은 수가성 여인에 최적화된 군더더기 없는 완전한 상담
이었다는 것을 알 수 있다. 상담가는 내담자가 압도당할 정도로 높지도,
지칠 정도로 낮지도 않아야 한다. 달리 말하면, 상담가는 최적 수준의
경험 처리를 촉진해야 하는 것이다. 따라서 강렬한 감정적 경험이
나타날 때 상담가는 그 불안한 반응을 경험적이고 언어적으로 처리하는
데 초점을 두어야 한다. 처음에는 감정 조절 기술을 사용해야 할 수도
있지만 목표는 내담자가 자신의 내부 경험을 말로 표현하도록 도와줌
으로써 자신의 감정을 통합하고 조절하도록 이끄는 것이다.[125]

결과적으로 내담자인 여인은 상담가 예수를 만나고 인생의 목마름에
관한 고민이 해결되었으며, 자신의 영적인 측면에 대한 걱정이 해소
되고 그토록 기다렸던 해결사인 메시아를 만남으로 인생의 전환점을
맞이했다. 이전에 그녀의 목마름을 해결해 주던 물동이를 버려 두고
관계가 단절되었던 동네 사람들에게 달려가 자신의 문제가 해결된 것을

---

[125] Downers Grove, *Evidence-based practices for Christian counseling and psychotherapy* (Illinois: InterVarsity Press, 2013), 24.

알리며 최고의 상담가인 예수를 소개한다. 그녀의 노력으로 인해 동네의 많은 사마리인들이 상담가인 예수를 만나고 회복되었다. 예수의 상담이 먼저 개인을 치료하고 다음으로 가정을 치료하며 더 나아가 사회가 살아나는 역사를 이끌었다는 것을 확인하게 된다. 당시 시대적으로 사마리아 여인을 위한 예수의 이러한 상담의 결과는 누구도 해낼 수 없는 놀라운 일이었음이 틀림없다.

3) 갈릴리의 베드로
- 소망을 잃은 실패에 대한 상담

(1) 누가복음 5장 1-11절

예수의 수제자였던 베드로는 열정적이고 감정적인 성향을 가지고 있는 내담자로 볼 수 있다. 그의 감정과 열정은 예수와의 관계와 임무에 대한 헌신에 반영된다. 그러나 때로는 감정적인 행동으로 인해 실수를 저지르는 장면도 볼 수 있다. 또한 베드로는 강한 자신감과 결단력을 가지고 있었다. 예수의 제자로서 자신의 신념과 믿음을 확고하게 지키기 위해 노력하며, 예수를 따르는 데 있어서 결단력을 발휘했던 것을 볼 수 있다. 그리고 그는 때로는 자기 표현과 과장을 하는 경향이 있었다. 그는 자신의 생각과 감정을 직설적이고 활발하게 표현했다.

예수가 누가복음 4장에서 베드로의 장모의 열병을 고쳐 줬으나, 당시 베드로는 예수를 결코 메시아라고 생각하지 않았다. 베드로가 살던 집이 실제로 회당 바로 옆에 있었으며 예수의 가르침을 받던 말기에도 '칼'을 보유하고 있던 점을 감안할 때 그가 많은 것을 알고 행동으로 실천했던 인물이었음을 알 수 있다. 또한 실제로 유대의 어부는 우리 나라에서 이해하는 어업에 종사하는 사람의 이미지가 아닌 물이 가진 순결함을 의미한다고 믿었고, 당시 물 근처에 지내던 어부는 깨끗하고 순결한 사람으로 인식하는 사회문화적 이해가 있었다는 것을 고려해야 한다. 앞서 예수의 성장 배경을 연구한 것처럼 베드로 역시 유대인의 랍비 교육 과정을 밟았을 것이며, 아마 그 과정에서 탈락하여 부모의 직업인 어부로 돌아왔던 것으로 이해된다. 또한 당시 갈릴리 지역에 랍비들과 토라를 사랑하는 이들이 모였던 시대적 배경을 이해하고 훗날 그가 베드로서를 작성하는 것을 볼 때 베드로가 학문적 지식 없이 단순 노동에만 종사한 것은 아니라는 것을 알 수 있다.

그런 이해에서 누가복음 5장의 이야기를 바라볼 때 베드로의 행동을 재해석할 수 있을 것이다. 베드로는 예수가 자신이 있던 물가에 와서 사람들과 있을 때도 관심을 갖지 않으려고 노력했다. 만약 베드로가 장모의 열병을 고쳐 준 예수가 메시아라는 것을 받아들였다면 누구보다 먼저 예수를 영접했어야 할 상황이었지만, 그는 가장 멀리서 자신의 어업에 관련된 일을 하고 있었다. 그는 물고기를 한 마리도 잡지 못한 상황이었는데, 그물을 정비하는 것이 예수와 만나는 것보다 더 중요했다는 것은 고의적인 외면이라고 볼 수 있다. 베드로가 예수에 대해 어느 정도 반감을 품었다는 것을 누가복음 5장의 상황을 통해 이해해 보려 한다.

예수는 베드로에게 배를 빌리려고 먼저 다가갔고, 베드로는 단지 배를 빌려줬을 뿐 여전히 마음을 열지 않았던 상황이다. 그리고 예수는 다시 베드로에게 다가가 어부였던 베드로가 흥미를 갖거나 조소를 날릴 만한 이야기를 한다. 물고기 잡는 전문가에게 물고기를 잡는 방법에 대해 가르치는 것은 상당히 받아들이기 어려운 이야기일 것이다. 예수의 이러한 접근은 완전히 베드로를 흔들기 위한 전략이었다. 베드로가 마음을 굳게 닫고 있는 상황에서 유일하게 태도를 바꿀 만한 관심사로 대화를 전환한 것이다.

베드로는 예수의 말을 듣는 것 같지만, 상당히 거슬려 하는 대화를 하고 있다. 그 이유는 베드로가 예수를 부를 때 '선생'이라고 표현했기 때문이다. 베드로의 말은 실제로 주변에 아무도 없는 상황에서 했던 개인적인 대화가 아니었다. 예수와 함께 있었던 모든 사람이 듣도록 이야기했을 것이다. 사람들이 메시아라고 믿는 나사렛 촌 출신인 예수가 비록 자신의 장모의 열병을 고쳐줬지만, 그렇다고 해서 당시 메시아상에 부합되지 않는 예수를 메시아라고 인정할 수 없었을 것이다. 그래서 사람들이 오해하고 있는 것을 고쳐 주고 싶었고, 그래서 예수가 말하는 고기 잡는 방식으로 행했을 때 실패할 결과에 대해 예수가 책임지도록 장치를 했던 것이다. 이 사건을 전통적인 해석에서 하나님의 현존 앞에 죄인이 회개하는 장면으로 이해하며 베드로의 순종의 태도로 바라보았지만, 실제로 본문의 상황을 전체적인 맥락으로 다시 이해하고 바라볼 때 베드로는 심히 비아냥거리는 태도일 수 있었다. 이 말의 전제가 만약 베드로의 순종이었다면 절대로 베드로는 물고기가 많이 잡힌 상황에서 놀라서 예수에게 엎드리지 않았을 것이다. 그리고 스스로를 심각하게 죄인이라고 지칭하는 일 또한 일어나서는 안 되는 일이었다. 왜냐하면 자신은 예수를 믿었고 순종했을 뿐인데 스스로 무너지는 반응이 논리적으로 맞지 않은 행동이기 때문이다. 실제로 믿었던 대로 결과가 발생했다면 베드로는 자신의 믿음의 대한 신뢰가 더 쌓였을 것이며 예수에게 자신을 떠나가 달라고 부탁하지 않았을 것이다. 그러나 전통적으로 성경 해석자들은 이 본문에서 누가가 말하는 베드로에 대해서 이해가 부족했고 예수가 얼마나 상담적인 노력을 했는지 깨닫지 못했다.

베드로는 물고기를 잡기 전 허무맹랑한 소리를 한다고 여길 때에 예수를 '선생'이라고 지칭했다. 그러나 물고기를 잡고 나와서는 예수를 '주님(Lord)'이라고 분명히 바꿔서 지칭했다. 이것이야말로 베드로의 이전 태도가 순종적인 상황이 아니었고, 기적을 경험하고 나서야 비로소 예수에 대해서 다르게 생각하게 된 것을 보여주는 핵심이다. 이것은 사마리아의 수가성 여인에게서도 보였던 모습인데, 그녀도 예수와 상담을 하고 나서 예수를 '선생'에서 '주님'으로 바꿔 불렀다. 베드로 역시 그의 개인적인 경험에서 소름이 돋고 이해할 수 없는 현상이었을 것이다. 그는 물고기를 잡는 최고 전문가였고 그의 오랜 경험에 비추면 절대로 물고기가 잡힐 수 없는 상황이었기 때문이다. 그렇기 때문에 예수는 대화를 거부하고 피하는 내담자 베드로에게 다가가 그가 마음을 열고 변화되도록 이끌었다.

그리고 오랜 세월 동안 베드로가 그토록 듣고 싶었던 이야기를 예수가 하기 시작했다. 랍비 시험에 떨어진 베드로는 고기를 매일 잡았었다. 그것은 베드로에게 생업이었으며 놓을 수 없는 일이었다. 어쩌면 그가 선택해서 어부가 된 것이 아닐지 모른다. 그는 당시 로마의 압제에서 억눌림과 고통을 당하는 유대 민족에 대해 누구보다 슬퍼했을 인물이다. 왜냐하면 그는 구약으로부터 전해지던 약속을 굳게 믿었기 때문이다. 언젠가 올 그리던 메시아를 통해 자신들이 압제로

부터 구원받을 것이라 믿었을 것이다. 그러나 사람들을 구원하고 싶은데 늘 물고기만 잡고 있는 자신의 처지가 아쉬웠을 것이다. 그는 율법을 잘 알았고 예언에도 능통했다. 그런데 알고 있는 것은 그에게 아무 도움이 되지 않았다. 그의 인생은 여전히 그물에 걸려 있는 물고기의 숫자를 세어 보는 것뿐이었다.

그러나 예수는 그런 베드로에게 '사람을 구원하는 어부가 될 것이다' 라고 말한다. 바로 이것이 베드로의 인생에서 가장 듣고 싶었고 간절히 염원했던 메시지였다. 비범하지 않은 가장의 역할과 소망이 사라졌던 일상의 순간들과 시대의 비참함에 어떤 신음조차도 허용되지 않는 베드로의 인생에 강력한 한 줄기 빛이 비쳤던 것이다. 예수는 베드로에게 그렇게 다가왔다. 상담가 예수와 베드로의 만남은 그 어떤 만남보다 강렬했으며, 베드로의 내면에서 해결되지 않았던 깊은 문제를 조명하며 해소시키기 시작했다.

(2) 요한복음 21장 1-15절

이 당시 예수를 부인했던 베드로는 심한 정체성의 혼란을 겪고 있었다. 침체되어 있는 베드로를 예수는 개인적으로 만났다. 그리고 베드로와 상담가 예수 사이에 진지한 대화가 있었다. 우울한 베드로를 만나 대화를 나누는 이 장면을 볼 때 사람이 마음의 문을 열고 대화를 한다는 것이 얼마나 어려운 일인지 볼 수 있다. 마음 문이 열리지 않는 상태에서 아무리 좋은 이야기를 해도 귀에 전혀 들어오지 않기 때문이다. 하지만 그런 베드로와 대화하는 예수에게서 최고의 상담가 모습을 발견하게 된다. 객관적으로 예수의 입장에선 베드로를 상담하는 것이 아니라 비난할 수 있던 상황이었다. 그러나 예수는 베드로의 마음속에 있는 작은 믿음을 고백하게 했다. 그런 고백을 통해서 베드로를 무서운 침체에서 벗어나도록 인도한다.

이것은 내담자의 말과 행동을 통해 상담가 내부에서 느껴지는 경험에서 비롯되는데 대상관계 이론의 독특하고 핵심적인 개념 중 하나다. 내담자와의 관계에서 겪는 치료자의 내면적 경험은 내담자가 타인과 의사소통을 하려는 시도의 결과로 나타난 현상이며, 치료자는 자신 내면의 경험을 자료로 삼아 내담자를 이해하고 공감할 수 있게 된다. 공감은 내담자에 대한 상담가의 관찰, 자신의 감정에 대한 상담가의 관찰, 다른 사람이 감정적으로 반응하는 방식에 대한 지식, 그 결과를 서로 비교하는 일을 기반으로 이루어진다.126

정신분석에 있어서 상호 주관성에 관한 상담은 참여하는 두 주체 사이의 관계와 상호 작용을 바라볼 수 있게 한다. 예수와 베드로의 관계를 상호 주관적으로 바라볼 때 부활한 예수가 낙담하고 실의에 빠진 한 제자를 일으켜 세우는 것에서 상담가와 내담자의 관계가 큰 영향을 주는 것을 또한 알 수가 있다. 예수는 베드로에게 다른 것을 묻지 않고 단지 '네가 나를 사랑하느냐'라고 물었다. 베드로는 예수를 모른다고 세 번 부인한 후에 심한 '후유증'을 앓고 있었다. 예수는 부활했지만 당시 베드로의 마음은 죄책감에서 벗어나지 못하고 있었던 것이다. 이것이 바로 양심이 가지는 문제인데 양심은 자기 자신의 죄가 직접 해결되었다는 증거가 있기 전에는 결코 그 사람을 놓아 주지 않는다. 예수가 십자가 위에서 못 박혀 죽은 것은 인류 모두의 죄를

---

126 N. Gregory, op. cit., 265.

위해서였다. 그 죄에는 베드로의 죄도 포함되어 있었다. 베드로에게는 아직 그 십자가의 은혜가 전달되지 않고 있었다. 베드로의 마음속에 죄책감과 수치심이 너무 커서 그 은혜를 깨닫지 못하고 있었기 때문이다. 바로 이때 예수는 적절한 시기에 베드로를 찾아와 그와 만났다. 그리고 베드로에게 질문했다.

요한의 아들 시몬아,
네가 이 사람들보다 나를 더 사랑하느냐. (요 21:15)

여기서 예수가 왜 '요한의 아들 시몬아' 부르고 있었는지 생각해 봐야 한다. '베드로'의 이름은 예수를 만난 후에 예수가 새로 지어 준 이름이었다. 여기서 예수는 베드로의 마음속 깊은 곳에 숨어 있는 예수에 대한 뜨거운 사랑을 다시 끄집어냈다. 당시 베드로는 다른 것은 자신 없어도 예수를 사랑하는 마음 하나만은 자신 있었기 때문이다. 사실 예수는 베드로에게 있어서 전부였다. 네가 다른 사람들보다 나를 더 사랑하느냐는 예수의 물음에 "주님 그러하외다(요 21:16)"라고 베드로가 자기 입으로 고백하고 인정하는 순간, 지금까지 베드로를 누르고 있던 무거운 죄책감과 수치심의 벽이 허물어져 버렸다. 우리의 입술의 고백과 결단은 중요하다. 예수는 베드로가 회개함으로 자신의 문제를 해결할 수 있기를 바랐다. 많은 내담자들이 이런 베드로와 같은 죄책감을 가지고 스스로를 비판하는 경향을 보인다. 그러나 예수는 베드로를 공감의 과정을 뛰어넘어 새로운 길로 나아가도록 이끈다.

로저스는 다음과 같이 말했다.

나는 '공감의 상태'라는 말을 쓰지 않는다.
그것은 상태가 아닌 과정이기 때문이다.[127]

그리고 베드로가 예수에게 말한다.

내가 주를 사랑하는 줄 주께서 아시나이다. (요 21:15)

그런 베드로에게 예수는 세 번이나 같은 표현을 반복함으로써
베드로가 나아가야 할 방향성을 강력하게 제시한다.

내 어린 양을 먹이라. (요 21:15)
내 양을 치라. (요 21:16)
내 양을 먹이라. (요 21:17)

예수는 만신창이가 되었던 베드로에게 또 다른 상처받은 영혼을
맡긴다. 연약해서 넘어졌던 베드로에게 다른 연약한 자들을 돌보게
했고, 상처 입어 넘어졌던 베드로에게 또 다른 상처를 입었던 자들을
부탁했다. 베드로는 예수와의 첫 만남에서 사람을 살리기 위해 길을
떠났던 자였다. 그는 자신이 그 일을 하기에 적합하지 않다고 여기고
낙망하고 있었다. 그런데 그토록 실패했던 인생이라고 여기던 자신에게

---

127 Carl Rogers, op. cit., 156.

예수가 다시 할 수 있다고 말한다. 베드로는 스스로에 대해 누구보다 자신하던 사람이었지만 큰 실패를 경험했다. 그래서 베드로는 누군가의 실패를 전혀 다른 시각으로 바라볼 수 있는 '용서'와 '관용'의 자세가 생겨나게 된 것이다. 그런 베드로였기 때문에 예수는 다른 넘어진 자들과 약한 자들을 돌보는 일에 대해 직접 언급하며 나설 것을 권유한다. 베드로는 자신의 실패를 매일 기억했고 그 실패에서 여전히 자신을 믿어 준 예수의 말을 또 기억했다. 그래서 누군가의 실패에서 자신을 볼 수 있게 되었다. 예수에게 가장 중요한 것은 상처 입고 아픔과 고통을 겪는 이들이었다. 예수가 베드로의 침체된 마음을 회복할 수 있는 길은 오직 예수의 사랑을 확신하는 것밖에 없었다.

지금까지 예수가 베드로와의 대화에서 보여준 상담 기술들은 다양하다. 때로는 '질문'을 반복하며 내담자인 베드로를 이해하고 그의 내면을 파악하려는 노력을 했으며, 베드로가 자신의 사랑을 세 번이나 인정하며 실패했음에도 그를 비판하지 않았다. 대신, 예수는 베드로가 자신의 부족함을 깨닫게 하기 위해 '양 먹이는 일'에 대한 말씀을 전하며, 그를 위로하고 격려하였다. 예수는 베드로와의 대화에 적극적으로 참여했고, 그를 끝까지 포기하지 않고 지원하는 모습을 보였다. 결국 예수는 베드로에게 처음과 일관되게 '나를 따르라'라는 명령을 내리며, 그를 아름답고 높은 차원으로 인도하고자 했다. 이는 상담에서 상담가가 상대방을 지원하고 인도하는 역할이 얼마나 중요한지를 보여주는 사례다.

4) 가버나움 혈루증 여인과 예루살렘의 간음한 여인

(마 9:20-22; 막 5:25-34; 눅 8:43-48, 요 8:2-11)

- 시대문화적 편견 집단 상담

마태복음 9장 20-22절에서 한 여성이 예수께 병을 고침받기 위해 나아온다. 이 여인은 질병으로 인해 종교적으로 버림받은 사람이었다 (레 15:25). 공동체에서 버림받고 아무에게도 말 못하는 병을 가진 한 여인이 소문을 듣고 예수에게 가까이 접근하였다. 그리고 이 여성은 12년간 혈루증으로 고생한 것으로 알려져 있다. 신약의 헬라어 원문과 레위기 15장의 히브리어 원문을 참고해 '혈루증'을 좀 더 의학적으로 번역한다면 '자궁출혈'이나 '하혈증'으로 볼 수 있다. 예수의 옷자락을 잡으려는 여인에 대해 그녀의 고민을 이해하고 그녀를 달래어 안심시켰다. 이후 예수는 그녀에게 '딸아, 네 믿음이 너를 구원하였으니 평안히 가라'고 말했다. 이 장면에서 예수는 신체적인 질병뿐만 아니라, 그녀의 정신적인 고통도 치료해 주었음을 알 수 있다. 그녀가 자신의 고통을 솔직하게 털어놓을 수 있도록 자극하고, 이해하며, 달래어 안심시켜 줌으로써 평안함을 선사하였다. 이는 상담에서 매우 중요한 원칙 중 하나인 공감(Empathy)과 감정적 지지(Emotional Support)에 해당한다. 따라서 예수의 상담 기술은 현대 상담에서도 여전히 적용되고 있는 것이다. 그런데 여기서 간과하지 말아야 할 점은 이 상황에서 혈루증을 앓고 있는 여인을 치료할 때 예수의 나이가 30대 초반이었다는 것이다. 그런데 여인을 예수가 '딸아!'라고 부르는 것에 대해 조명해봐야 한다. 아마도 당시 여인의 나이를 예측한다면 혈루증이 시작될 수 있는 나이와 그녀가 12년 동안 병을 지니며 치료했던 것을 감안할 때 최소 30대로 예수와 같은 나이로 볼 수 있다. 그런데 왜 예수는 같은 나이대인 여인에게 딸이라고 불렀던 것일까?

이 이야기에서 특별히 유대적인 문화를 이해해야 하는데, 여인이 옷자락을 잡았던 부분은 아마도 유대인들이 기도할 때 붙잡았던 기다란 술 부분이었을 것이다. 이것에 대해서 혈루증 여인과 관련한 다양한 이미지들을 근거로 이해해 볼 수 있다. 이 기도술이 바로 랍비들의 기도 능력이 나오는 부분이라 믿어 붙잡고 기도하였다. 그런데 예수가 그녀를 딸이라고 불렀던 이유가 바로 여기에 있다. 당시 랍비의 옷은 그 가족들만 유일하게 만질 수 있었던 문화가 있었기 때문이다. 일단 그녀가 예수에게 접근한 사실도 문제였지만 그의 옷에 손을 가져다 댄 것도 문제였다. 만약 이러한 불법을 행한 그녀를 그 무리들이 합당하지 않다고 여기게 되면 그 앞에서 율법적으로 큰 봉변을 당할 수 있었기 때문이었다. 예수를 통해 그녀의 병은 고쳐졌겠지만, 규율적으로는 처벌받아야 되는 상황이 초래되었던 것이다. 그렇기 때문에 예수는 이 여인을 '딸'이라고 부르면서 다른 문제가 발생하지 않도록 그녀를 가족처럼 대했던 것이다. 이것은 대상에 대한 사후 처리 과정에서 사소한 문제도 그냥 넘어가지 않고 세심하게 배려하며 피해를 보지 않도록 지키고 돌보아 주었다는 것을 알 수 있다.

상담사는 문제에 집중한 나머지 그 문제 가운데 있는 사람을 놓칠 수 있다. 물론 성경적 사역에 문제 해결이 포함되지만, 중요한 것은 사람을 다루는 것(Person-focused)이다. 변화를 향한 하나님의 사역은 명백히 상황과 관계의 변화를 포함하지만, 가장 큰 목적은 사람의 근본적인 변화이다. 우리가 누군가의 이야기를 들으면서 사람이 아닌 문제에만 집중한다면 변화할 대상에 대한 그림을 그릴 수 없을 것이다. 그저 문제를 표현하는 용어(간음, 의심, 두려움, 욕정, 도적질, 탐욕, 질투, 갈등)들에 집중할 것이고, 그렇게 되면 성경적 관점으로 그 문제를 바라보고 이해했다고 하더라도 그것이 곧 사람을 위한 문제 해결로 이어지지는 않을 것이다. 이것은 하나님이 그의 말씀이 사용되기를 원하는 방법에 폭력을 행사하는 것일 뿐 아니라, 문제를 겪고 있는 사람의 마음을 완전히 놓치는 것이다.[128] 사람은 자기 자신을 이해하고 자기 개념, 기본적인 태도, 자기 주도적인 행동을 변화시킬 수 있는 방대한 자원을 자신 안에 갖고 있으며 '진정성'과 '무조건적인 긍정적 관심(Unconditional Positive Regard)'을 통해 건설적인 모습으로 변하고 성장할 수 있게 된다. 이 말은 치료자가 순간마다 마음속에서 흐르는 감정들과 태도들에 대하여 개방적이 되는 것을 뜻한다.[129] 여인을 대하는 예수의 태도에 이런 모든 것들이 담겨 있음을 볼 수 있다.

여인이 옷자락을 잡은 장면을 통해 오늘날 예배가 끝날 때 교회 문에서 진행되는 악수 의식의 의미를 생각해 보게 된다. 돌이켜보면 통찰력 있는 목회자들은 '누가 정말로 나를 만졌는가?'라고 자문할 수도 있다. 예수는 군중의 신체적 접촉 가운데서 혈루증을 앓는 익명의 여인의 의미 있는 손길을 느꼈다(눅 8:43-48). 상담 회기를 시작하거나 종료하기 위한 악수는 다른 유형의 치료사보다 목회자들에 의해 훨씬 더 널리 사용되는데 목회 상담에서 악수와 같은 신체 접촉에 관한 모든 문제는 더 많은 연구가 필요할 것이다.[130]

여기서 좀 더 심화해서 혈루증 여인에 대한 차별에 대해서 다시 되짚어봐야 한다. 당시 유대 문화는 율법의 영향과 전통을 통해 지금의

---

[128] Ibid., 126.
[129] Ibid., 131.
[130] Richard Dayringer, *The Heart of Pastoral Counseling* (NY: Routledge, 2010), 71.

우리 시대와는 크게 다른 편견들이 고착되어 있는 상황이었다. 그중 하나는 질병을 지닌 자를 죄인으로 인식하고 꺼렸다는 것이다. '죄인' 이라는 용어는 부적절하고 불순하다고 여겨지는 사람들을 가리키는 종교적 암호로 사용되었다. 바리새인과 사두개인들은 토요일에 쉬면서 안식일 법을 지키지 않거나 지키지 못하는 사람들을 가리켜 이 용어를 사용했다.[131] 사실 이러한 편견은 주로 어린 시절부터 또래들과 어울 리면서 더욱 확대된다. 그 신념과 태도는 자신과 유사한 생각을 가진 동일 집단의 사람들과 공유하면서 점점 더 강해진다. 집단극화(Group Polarization)라고 부르는 이 과정은 자조집단(Self-help Group)에서 추구 하는 영적 자각을 증폭시키거나 위험한 결과를 초래할 수도 있다.[132] 예를 들어 편견이 심한 학생들끼리 인종 문제를 논의하면, 인종에 관련한 더욱 강한 편견을 갖게 되는 것이다.

> 편견은 사회 분할뿐만 아니라 가슴에서 우러나는
> 열정으로부터도 솟아난다.
> 희생양 이론(scapegoat theory)은 일을 그르치게 되면,
> 비난할 누군가를 찾아내는 것이 분노의 표적을 제공할 수
> 있다는 사실을 지적한다.
> 자신의 위상을 높이는 데는 다른 사람의 명예를
> 훼손시키는 것이 도움을 준다.
> 경쟁자의 불행이 때로는 쾌감을 가져다주는 이유도 바로
> 이것이다.[133]

---

[131] Phuc Luu, *Jesus of the East: reclaiming the gospel for the wounded* (Virginia: Herald Press, 2020), 45.
[132] David G. Myers, op. cit., 317.

이러한 편견이 가득한 상황에서 예수는 또 다른 내담자를 위해 '성숙한 판단'을 내렸는데, 그것은 요한복음 8장에 등장하는 간음하다 붙잡힌 여인의 이야기다. 예수는 사람의 가치를 공동체나 윤리적 가치보다 낮게 여기지 않았다. 예수의 상담은 언제나 인간의 존재가 가장 귀하다는 것을 보여준다. 상황적인 프레임 자체가 그녀가 같은 인간으로서 가치를 가질 수 없도록 강요하고 있었지만, 예수는 그녀가 인간으로서 존재하기 때문에 존귀함을 받아야 함을 보여주며 내담자인 그녀를 수용하고 변화할 수 있도록 도왔다. 여자가 간음하던 현장에서 붙들려 와 돌에 맞아 죽게 될 위기에 처하게 된다. 그녀를 끌고 온 서기관과 바리새인들은 모세의 율법을 언급하며 예수에게 사회문화적 편견을 받아들이고 그녀를 돌로 죽일 것을 택하도록 요구했다. 사회 심리학의 위대한 교훈은 사회적 영향이 인간의 사고방식 및 행동에 엄청난 위력을 행사할 수 있다는 것이다. 이 영향은 동조, 권위에의 복종 그리고 집단 행동에서 볼 수 있다.

> 누군가 중립적 내용의 글을 행복하거나 슬픈 목소리로
> 읽는 것을 듣기만 하여도,
> 듣는 사람에게 '기분 전염 효과'를 만들어 낸다.
> 우리는 타고난 흉내쟁이이며, 다른 사람의 표현과 자세
> 그리고 목소리 등을 무의식적으로 모방한다.
> 피암시성과 흉내 내기는 미묘한 유형의 동조(conformity),
> 즉 행동이나 생각을 집단 기준에 맞추는 것이다.
> 우리는 배척을 회피하거나 사회적 인정을 얻기 위하여
> 동조하기 십상이다.

---

133 Ibid., 324.

그러한 경우에 우리는 규범적 사회 영향(Normative Social
Influence)에 반응하고 있는 것이다. 우리는 사회 규범,
즉 용인되고 기대되는 행동을 위하여 이해하고 있는
규칙들에 민감하다. 다르기 때문에 치러야 할 대가가
심각한 것일 수 있기 때문이다.
우리는 소속 욕구를 가지고 있는 것이다. 이는 강력한
사회적 영향이 사람들에게 거짓에 동조하거나 잔학 행위에
굴복하게 만들 수 있다는 사실을 입증한다.[134]

이처럼 사회적 영향은 당시 간음하다 붙잡힌 여인의 사례에서 볼
수 있는 것처럼, 삶과 죽음을 가를 만큼 강력한 힘을 발휘하고 있었다.
이것은 그녀를 붙잡아 온 무리가 추구하는 정의였으며 잔학 행위를
벌이는 것에 대해 일말의 죄책감이 없는 상황이었다. 내담자인 그녀가
생명을 잃을 수 있는 일촉즉발의 위험한 순간이었지만, 누구도 그녀를
위한 상담이나 변호를 해주며 함께 위험에 처하는 것을 원하지 않았다.
하지만 예수는 먼저 땅에 무언가를 적고 무리에게 '너희 중에 죄 없는
자가 먼저 돌을 던지라'라고 말하곤 다시 땅에 무언가를 적었다. 그리고
이를 보고 들은 무리들은 양심에 가책을 느끼며 차례대로 모두 물러
나게 된다. 이후 예수는 붙잡혀 온 여인에게 '가서 다시는 죄를 짓지
마라'라고 말하며, 이 여인을 보호하고 사랑과 용서로 치료하고 인도
하는 모습을 보였다. 예수는 사람들의 사회적 편견을 통한 잘못된
행동을 비판하면서도 그들 개개인이 깨닫고 변화되는 상담을 시도하
였다. 상담의 상황에서 '두려움'은 가장 중요한 마음의 문제이다. 그곳은
전쟁이 일어나는 곳이며 우리의 사역이 일어나는 곳이다. 두려움에

---

134 Ibid., 308.

직면한 내담자를 돕는 것은 사랑을 보여주고 상담 관계를 세우는 훌륭한 기회가 된다. 힘겹게 분투하고 있는 사람들에게 사랑으로 이야기할 때, 그들은 이 사람은 내 이야기를 들어 주고 나를 이해해 주므로 더 도움을 받고 싶다고 반응한다. 이것이야말로 사랑의 관계가 지닌 능력이다.[135] 내담자의 고난을 깊이 이해하는 것이야말로 상담가가 내담자에게 줄 수 있는 최고의 선물일 것이다.

예수의 상담 과정을 통해 개개인은 양심의 반응을 보게 되고 자신들이 가진 사회적 편견이 결코 절대적이고 정의로운 것이 아니라는 것을 알게 된 것이다. 예수는 단순하게 붙잡혀 온 여인만을 돕는 상담을 한 것이 아니라, 더 나아가 그 여인을 붙잡아 온 모든 무리를 함께 '집단 치료'(Group Therapy)한 셈이었다. 집단 치료에서 치료자가 각 내담자에게 동일한 정도로 관여할 수는 없으나, 다음과 같은 이점을 가지고 있다.

치료자의 시간과 내담자의 경제적 부담을 줄여준다. 그리고 그 효과도 개별 치료 못지않은 경우가 많다. 다른 사람들도 자신의 문제를 공유하고 있다는 사실을 알 수 있게 해준다. 겉으로 드러나진 않지만 다른 사람들도 똑같이 골치 아픈 감정과 행동을 경험하고 있다는 사실을 알게 됨으로써 안도감을 찾을 수 있다. 내담자가 새로운 행동 방식을 시도할 때 피드백을 제공해 준다. 불안감을 느끼고 자의식적임에도 불구하고, 안정적으로 보인다는 말을 듣는 것은 상당한 자신감을 줄 수 있다.[136]

---

[135] Ibid., 127-128.
[136] Ibid., 420.

예수의 이러한 집단 치료는 다수의 잘못된 편견을 올바르게 변화시킬수 있으며, 모인 무리가 자신들의 문제를 다른 이들도 가지고 있음을 깨달을 수 있는 시간을 제공했다. 또한 붙잡혀 온 여인이 많은 무리로부터 해방되는 경험을 통해 새롭게 변화되어 다시 삶을 살아 나갈 원동력을 얻게 한다.

앞서 다루었던 혈루증 여인과 간음하다 붙잡혀 온 여인은 사회문화적 편견의 희생자였다. 그녀들의 인생은 '죄'라는 낙인으로 인해 더 이상 삶을 영위해 나갈 수 없는 막다른 길에 들어서 있었으며, 혹여 상담가가 미숙함으로 인해 적절하게 대처하지 못했다면 사회문화적 희생양이 되어야 했을 것이다. 그러나 사회문화적 영향의 위력을 인정한다고 해서, 개인으로서 각자가 가지고 있는 힘을 간과해서는 안 된다. 사회적 제어(Social Control, 상황의 위력)와 개인적 제어(Personal Control, 개인의 위력)는 상호 작용하기 때문이다. 그렇기 때문에 인류 역사 속에서 자신의 의지를 피력한 사람들은 다수를 움직이고, 새로운 역사를 만들어 낼수 있었다. 바로 예수의 상담은 개인의 위력을 발휘했던 사건이었다. 문화와 공동체를 중재함으로써 예수는 고통받는 이들이 삶의 의미를 회복하게 했다. 그의 치유의 핵심은 '해석'이었다. 치유는 결국 경험의 의미와 변화로 귀결된다. 삶의 문제는 여전히 존재할 수도 있고 존재하지 않을 수도 있지만, 그들의 인식은 더 이상 동일하지 않게 되었다. 당시 이러한 예수의 행동은 사람들에게 새롭고 의미 있는 삶을 제공했으며, 공동체가 이들을 받아들이고 환영할 수 있게 도왔다.[137]

---

[137] Jan-Olav Henriksen, *Jesus as healer: a gospel for the body* (Michigan: Eerdmans Publishing Company, 2016), 23.

다수를 움직이는 한두 개인의 위력이
소수자 영향력(minority influence)이다.
집단 내의 한두 명이 일관성 있게 논란을 불러일으키는
태도나 이례적 지각 판단을 표명할 때의 효과에 관한
연구들이 반복적으로 찾아낸 결과는 자신의 견지를
확고하게 견지하는 소수가 다수를 움직이는 데 훨씬
성공적이라는 것이었다.
일관성 있게 소수 견해를 유지하는 것이 인기 있게
만들어 주지는 않더라도 영향력 있게는 만들어 주는 것이다.
소수가 나타내는 자신감이 상대방으로 하여금 그렇게
행동하는 이유를 생각해 보도록 만들 때 특히 그렇다.
소수의 영향력이 가시적이지 않은 경우조차도
다수의 사람들로 하여금 자신의 견해를 다시 한번 생각해
보도록 설득시킬 수도 있다.[138]

예수는 다수를 움직이는 개인이었다. 그가 강조해 온 '사랑'과 늘
일관성 있는 말과 행동으로 사람 중심적인 치료를 해냈다. 그래서
우리는 예수가 인본주의적 치료를 통해 사람들 속에 내재하는 자기
완성을 이뤄 내는 것을 볼 수 있는 것이다. 인본주의적 치료는 사람들
속에 내재하는 자기완성의 잠재력에 집중한다. 그리하여 내담자들에게
새로운 통찰을 제공함으로써 성장을 저해하고 있는 내적 갈등을 해소
시키려고 시도한다. 그래서 인본주의 치료는 '통찰치료(Insight Therapy)'로
볼 수 있다. 예수의 상담에서도 병을 치료하는 것이 아니라 성숙을

---

[138] Ibid., 319-320.

도모하는 것이 치료의 초점이었다. 따라서 치료를 받는 대상은 '환자'가 아니라 '내담자'이거나 그저 '사람'이 된다. 또한 성숙으로 나아가는 길은 숨어 있는 결정인자들을 밝혀내는 것보다는 내담자 자신의 감정과 행위에 대해 즉각적인 책임을 지는 것이다.[139] 그래서 의식적 사고가 무의식보다 더 중요하다고 볼 수 있다. 예수에게 내담자의 과거보다는 현재와 미래가 더 중요하다. 그렇기에 현재 감정에 대한 아동기 출처에 대한 통찰을 얻는 것보다는 현재 일어나는 감정 자체를 탐색하는 것이 그의 목표였다. 당시 사회문화적으로 여러 제한된 상황과 위험 속에서도 내담자의 신변을 안전하게 보호하고 치료하는 그의 상담 방법에 감탄하지 않을 수 없다.

---

[139] Ibid., 413.

V. 예수의 상담 원리의 적용

1. 이마고 관계 치료(Imago Relationship Therapy)

1980년대에 두 명의 미국 부부치료 전문가인 하빌 헨드릭스(Harville Hendrix)와 헬렌 라켈리 헌트(Helen LaKelly Hunt)가 부부치료 방법을 '이마고 관계 치료(Imago Relationship Therapy)'의 이름으로 공동 개발하였다. 필자는 이 시대에 가장 발달된 부부대화 치료방법을 상담에 도입하고 그것을 적용하여 예수의 상담 원리들을 그 속에 녹여 냈다. 그 결과 앞서 언급했던 이 부부상담 대화법의 가장 권위 있는 하빌 헨드릭스로부터 워싱턴 D.C.(Washington D.C.)에서 세계적으로 큰 인정을 받고, 국제이마고부부치료협회(Imago Relationships International; 이후 IRI로 표기) 역사상 가장 최고 득점을 받을 수 있었다.

이마고 관계 치료(Imago Relationship Therapy)의 핵심 개념으로, 'Imago'란 라틴어로 'image'를 의미한다. 이 이론은 개인이 결혼 파트너를 선택할 때, 자신의 어린 시절 상처를 가진 부모의 특징을 상대방에게서 찾으려고 한다는 가설을 바탕으로 한다. 따라서 부부간의 갈등은 자신의 과거 상처와 연관되어 있다고 이론화가 된 것이다. 그리고 이마고 관계 치료는 부부간의 갈등과 문제가 서로를 보완하기 위한 자연스러운 욕구에서 비롯된다고 본다. 이러한 갈등들은 상호 연결을 강화시키기 위한 기회로 삼을 수 있다고 주장한다. 그래서 이마고 관계 치료에서는 적극적 대화 기법이 중요한 역할을 한다. 이는 부부가 서로를 듣고 이해하는 방법을 배우고, 자신의 감정과 욕구를 솔직하게 표현하는 것을 돕는 것이다. 그리하여 내담자 부부는 상호 간의 유대감과 관계를 개선하기 위해 여러 가지 연습을 해야 한다. 서로의 욕구를 충족시키기 위해 노력하고, 상대방의 강점과 긍정적인 면에 집중하며, 사랑과 이해를 나누는 연습을 하게 되는 것이다. 그리고 필자의 상담 방법 안에 예수의 상담 방법이 적용되었다. 예수의 빈번한 사역 패턴을 바탕으로 상담 모델은 EUB(Enter, Understanding, Bring)라는 간단한 3단계 프로세스를 포함한다.[140]

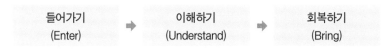

〈그림 1〉 EUB 프로세스

---

140 Robert D. Jones, op. cit., 82.

상담가의 세계에 들어가 그들의 필요(느끼고 실제적인 필요)를 이해하고 그들의 관계를 회복시켰다. 필자는 2014년 워싱턴 D.C. 이마고(Imago) 콘퍼런스에서 임상 사례를 발표해 IRI 38년 역사상 첫 100점의 쾌거를 거둔 사례로 기록되었다. 그 모든 과정은 오랜 기간 복음서의 성경적 연구를 통한 예수의 상담 방법이 기초가 된 것이었다. 그로 인해 수많은 이마고 상담사와 차별성을 가질 수 있었다. 당시 학회에 참석한 전문가들이 전달해 준 300통이 넘는 피드백은 개인적으로 큰 영광이었으며, 성경적 상담을 지향하는 이들에게 시사하는 바가 있을 것 같아서 그중 몇 가지 사례만 제시하면 다음과 같다.

I liked it when she asked the husband to slow down his mirroring. I liked her constant tracking of both of them. I liked her voice-psych-cool very sympathetic. Thank you.

상담가가 남편에게 미러링의 속도를 낮출 것을 권하는 모습이 좋았습니다. 상담가가 끊임없이 내담자부부를 추적 관찰하는 것이 좋았습니다. 상담가의 냉철하면서도 공감가는 목소리가 좋았습니다.

(콘퍼런스 참여자 4)

I appreciate how you created safety for him to be alone to share his innermost fears and how you held the space for her to receive his fears so emphatically and graciously.

저는 상담가가 남편 자신의 가장 깊은 두려움을 홀로 마주 할 수 있는 안전한 환경을 만들어 내고, 아내가 그의 두려움을 공감하고 좀 더 포용적인 마음으로 받아들일 수 있는 자리를 유지한 것에 깊은 감명을 받았습니다.

(콘퍼런스 참여자 15)

I loved the sacred space you created for this couple. You gave them so much time and room to express themselves, and the time you spent with them felt eternal. It made me think about all the couples around the world whose relationships become strained because one partner leaves for study or work. Through this Imago experience, I believe it brings families back together. Thank you for the time and effort you've given to make this happen.

상담가가 이 부부를 위해 만들어 준 신성한 자리가 너무 좋았습니다. 그들이 자신을 표현할 수 있도록 많은 시간과 자리를 마련하고 그들과 함께 보낸 시간은 마치 영원한 것처럼 느껴졌습니다. 이를 통해 공부나 일 때문에 배우자와 떨어져 살며 관계가 멀어진 전 세계의 많은 부부들을 떠올리게 되었습니다. 이마고(Imago) 경험을 통해 가족들이 다시 하나가 될 수 있다고 믿습니다. 이를 위해 시간과 노력을 기울여 주신 상담가에게 감사를 전합니다.

(콘퍼런스 참여자 30)

For some reason, the boundary of cultural differences invited the connection - it completely struck me as beautiful to watch. It showed how we are all human and experience the same emotions, no matter where we come from. It was absolutely amazing.

어떤 이유에서인지, 문화적 차이의 경계가 오히려 연결을 가져왔습니다 - 그 과정을 지켜보는 것은 저에게 온전히 아름답게 다가왔습니다. 우리 모두 인간들이 어디에서 왔든 상관없이 같은 감정을 경험한다는 것을 보여주었습니다. 실로 놀라운 경험이었습니다.

(콘퍼런스 참여자 46)

THANK YOU TO OUR KOREAN THERAPIST!!!
Compassionate heart. Beautiful and Effective Tracking of THEIR MIND and HEART. Strong Ability to Hold THEM in THEIR DEEPENING. Therapist's "Hm, Hm", SOUND is of a "MOTHER ARCHETYPE" holding (to me)!!

한국인 상담가에게 감사의 마음을 전합니다!!! 자비로운 마음. 내담자들의 마음과 감정을 아름답고 효과적으로 추적하는 능력. 내담자들의 깊어지기 과정을 견고하게 지지하는 능력. 상담가의 '흠, 흠' 소리는 (저에게) '어머니'의 지지하는 음성처럼 느껴집니다.

(콘퍼런스 참여자 5)

〈콘퍼런스에 참가한 상담 전문가들로부터 받은 피드백의 일부〉

　아울러 본 논문에 이 사례 연구에 해당하는 부부상담에 대한 일부 축어록을 담았다. 일반 상담에서 영혼을 진지하게 다루는 성경적 상담이 어떻게 적용될 수 있는지 알 수 있는 좋은 사례가 되리라 믿는다.

2. 실제 부부상담 사례 연구

수련 감독(Supervisor): 웬디 패터슨, 마이크 보래시(Wendy Patterson, Mike Borash)
수련 상담가(Supervisee): 김순초(Sooncho Kim)

1) 내담자에 대한 기본정보

외모 및 행동 관찰

- **남편:** 긴 머리를 뒤로 묶고 있어 첫인상이 예술가처럼 보였다. 긴장한 탓인지 표정이 경직되어 있었고, 옷차림은 단정하고 깔끔하였다. 말수가 적었지만, 신중하게 고민한 후에 자신의 의견을 간단명료하게 표현했다. 상대방이 말을 할 때는 집중해서 듣는 모습을 보였다. 상담이 진행되는 동안 진지한 모습과 개방적인 태도로 임했다. 남편은 상담 과정에서 마음을 열어 갔고, 자신의 감정을 솔직하게 표현하며 부부간의 신뢰를 회복하는 데 크게 기여했다.

- **아내:** 많이 피곤한지 어깨가 축 처져 있었으며, 힘이 없어 보였다. 차분하고 단아한 모습이었지만, 얼굴은 근심이 가득해 보였다. 특히 남편이 말을 할 때면 긴장된 자세를 취했다. 다행히 상담이 진행되는 동안 긴장감이 풀리면서 편안하고 차분한 음성으로 자신의 상황을 자세히 설명하고 상담에 적극적인 자세로 참여했다.

상담 동기

부부는 결혼 10년 차에 접어들면서 점점 심화되는 갈등을 해결하기 위해 상담을 요청했다.

이 갈등의 배경에는 시아버지의 건강 악화와 이에 따른 여러 가지 복잡한 상황들이 얽혀 있었다. 시아버지는 아들이 일찍 결혼하여 손자를 보기를 간절히 원하였고, 그 이유로 부부는 대학 졸업 후 바로 결혼하게 되었다. 그러나 결혼 6개월 만에 남편이 미국으로 유학을 떠나면서 부부는 오랜 시간 동안 떨어져 지내야 했다. 남편은 8년 동안 유학 생활을 하면서 박사학위를 취득하였고, 방학 때마다 잠시 귀국하였다. 그 사이 아내는 두 아들을 출산하고 힘든 의과대학 전공 시절을 견디며 인턴 생활을 이어 갔다.

남편이 8년 만에 학위를 마치고 돌아왔지만, 시아버지의 건강이 악화된 상황이라 남편은 시댁에서 직장 생활을 하며 시아버지와 시댁을 돌보는 일에 전념하였다. 아내는 남편이 가장으로서 역할을 다하지 않고 오로지 아들로만 생활하는 모습을 보며 큰 실망감과 배신감을 느끼기 시작했다. 아내는 8년간 남편을 기다리며 어려운 시기를 견뎠지만 남편과 아이들 아빠로 돌아오지 않는다는 생각에 점점 실망감이 커져 갔다. 이러한 상황에 부부 갈등은 점점 깊어졌고, 아내는 진지하게 이혼을 고려하게 되었다. 부부는 결국 이러한 갈등을 해결하는 데 도움을 받고자 상담을 요청하게 된 것이다.

2) 부부관계 패턴 분석

남편 성장 배경

남편은 축소자로 회피하는 사람이다. 손이 귀한 집안의 3대 독자로 조부모님과 양친의 사랑을 듬뿍 받고 자랐다. 특히 아버지의 관심과 기대가 지나칠 정도로 각별했다. 아버지는 건강이 좋지 않은데도 아들에 대한 사랑이 남달랐지만, 불같은 성격 탓에 온 가족이 늘 긴장하며 살아야 했다. 특히 모든 부분을 인내로 참고 사는 어머니를 보면서 자라왔기 때문에 어머니에게는 뭘 사달라고 하거나 떼를 써 본 적 없이 말을 잘 듣는 아이로 자랐으며 특히 어머니가 힘들까 봐 늘 눈치를 살폈다. 혹시 자신이 잘못하면, 아버지가 더 아프거나 힘든 어머니가 더 속상해할까 봐 자신이 하고 싶은 일보다 부모님이 좋아하는 일을 하려고 애썼다. 편찮으신 아버지 성화로 결혼을 일찍 했지만 부모님이 우선이었기 때문에 아내와의 갈등을 애써 외면하고 회피하였다. 아내가 힘들어하는 것을 알면서도 문제를 크게 만들고 싶지 않아 정면으로 나서기보다는 위기 상황을 회피하면서 막연히 나아질 거라 기대했다.

아내 성장 배경

아내는 확대자로 쫓아가는 사람이다. 7살 어린 시절 아버지의 음주운전 사고로 집안 사정이 어렵게 되자 살던 곳을 떠나 도시로 이사를 왔다. 부모님은 새벽부터 일을 나가 밤늦게 들어오셨기 때문에 7살 어린아이 혼자서 늦은 밤이 되어 돌아오는 부모님을 기다리며 온종일 무서움과 두려움을 견뎌야 했다. 자라면서 어머니를 고생시키는 아버지가 많이 미웠고, 매사에 분명하지 못하고 우유부단하고 무책임해 보이는 아버지를 믿을 수가 없었다. 어린 시절 부모님께 충분한 사랑과 관심을 받지 못한 아내는 결혼하여 남편에게 그 사랑과 관심을 받고 싶었지만, 남편은 8년간이나 유학으로 떠나 있었으며, 방학 때 잠깐 귀국하면 늘 아프신 시아버지 곁에 머물며 간호하였다. 아내는 남편이 자신의 곁에 와 주기를 바랐지만, 실제로 남편에게 말을 하지는 않았다고 한다. 남편이 자신을 사랑하지 않는 것처럼 느껴져 남편을 보기만 해도 화가 났다고 한다. 아내는 아무런 희망이 없다는 생각이 들어 이혼을 결심하고 상담을 요청하게 되었다고 했다.

3) 어린 시절의 정보 종합

남편

1. 내가 어렸을 때 아버지로부터 정말 받고 싶었지만 받지 못했던 것은 <u>안도감</u>이었다.
2. 내가 아버지로부터 받은 상처는 <u>숨막힘</u>이었다.
3. 내가 그때 가장 두려웠던 것은 나로 인해 <u>아버지가 더 아플까 봐</u>였다.
4. 내가 아이로서 느꼈던 감정들 중에 반복적으로 느꼈던 부정적인 감정은 <u>불안함</u>이었다.
5. 나는 내가 아버지에게 상처받았을 때 <u>눈치를 보아야 했었다</u>.
6. 나는 아버지가 내게 "<u>○○야, 아버지는 죽지 않을 거야. 걱정하지 마.</u>" 라고 말해줬으면 했다.

7. 내가 배우자에게 도움이 되지 못한다고 느낄 때, <u>나는 좌절했던 것 같다.</u>

8. 나의 어린 시절의 상처 치유를 위해 내 배우자가 나를 <u>재촉하지 말고 여유 있게 기다려 주었으면 좋겠다.</u>

9. <u>"당신은 나에게 필요한 사람이에요"</u>라고 말해줬으면 좋겠다.

아내

1. 내가 어렸을 때 아버지로부터 정말 받고 싶었지만 받지 못했던 것은 <u>관심</u>이었다.

2. 내가 아버지로부터 받은 상처는 <u>돌봄을 받지 못한 것</u>이었다.

3. 내가 그때 가장 두려웠던 것은 <u>혼자 남겨지는 것</u>이었다.

4. 내가 아이로서 느꼈던 감정들 중에 반복적으로 느꼈던 부정적인 감정은 <u>두려움</u>이었다.

5. 나는 내가 아버지에게 상처받았을 때 <u>입을 다물어야 했었다.</u>

6. 나는 아버지가 내게 <u>"○○야, 너는 나에게 너무 소중한 딸이란다"</u> 라고 말해줬으면 했다

7. 내가 배우자에게 관심받지 못하다고 느낄 때, <u>나는 마음의 문을 닫았던 것 같다.</u>

8. 나의 어린 시절의 상처 치유를 위해 내 배우자가 <u>늘 내 옆에 있어 주었으면 좋겠다.</u>

9. 내게 무슨 일이 있어도 <u>"당신 옆에 있어 줄게. 다시는 떠나지 않을게"</u> 라고 말해줬으면 좋겠다.

4) 상담 진행 과정

회 기	내 용
1회기	심각한 갈등으로 이혼 위기에 있는 부부는, 서로의 시선을 피하며 대화하기를 어려워했다. 부부는 상담에서 각자의 힘겨움을 호소하듯 상담가와 일방적인 형식으로 대화하기를 원했다. 상담가는 부부에게 서로의 이야기를 할 수 있는 구조가 있는 이마고 부부 대화법(Imago Couples Dialogue) 기술을 소개했다. 대화가 어려운 부부에게 '대화법 프로세스'만 따라가 보자고 제안하자 관심을 보이기 시작했다. **이마고 부부 대화법 3단계:** **반영하기(Mirroring) - 인정하기(Validation) - 공감하기(Empathy)** 이마고 부부 대화법의 구조화된 프로그램 방법으로 상담을 진행하였다.
2회기	2회기 상담에서도 부부는 서로의 눈을 바라보는 것을 어려워하는 모습이 보였다. 상담가는 눈을 마주 보며 대화하는 것이 부부상담의 중요한 부분임을 설명하였고, 부부는 실천하려는 모습을 보이기 시작했다. 부부가 직면한 가장 큰 문제는 아이들이 커 가면서 부모와 대화를 하지 않으려고 한다는 것이었다. 특히 큰아이가 엄마의 질문에 대답하지 않아 아이 마음을 이해하기 어렵다는 점이 큰 고민이라고 했다. 부모는 이러한 상황에서 무력감을 느끼고, 무엇을 어찌해야 할지 막막한 상태라고 했다. 상담사는 부부에게 이마고 부부 대화법(Imago Couples Dialogue)으로 서로의 마음을 천천히 표현하게 지도하였다. 이 대화 속에서 부부는 서로의 감정을 솔직하게 털어놓고, 상대방의 입장을 이해하려고 노력하였다. 대화 중에 부부는 자신들이 같은 걱정과 고민을 하고 있다는 것을 발견하고 놀라워했다. 그동안 많은 부분에서 오해가 있었음을 깨닫고, 서로를 깊이 이해하는 변화를 경험하였다.
3회기	3회기 상담은 남편의 아버지가 건강 문제로 십여 년 고생하시다가 돌아가신 후 3개월 만에 재개된 만남이었다. 아버지의 사망과 그로

회 기	내 용
	인한 가정의 어려움을 겪은 뒤 부부는 서로에 대한 감사를 주제로 깊이 있는 대화를 나누기 위해 상담에 임하게 되었다. 상담사는 부부가 서로에 대한 고마움을 표현하는 시간을 갖도록 유도하였다. 이는 부부가 서로의 마음을 깊이 이해하고 감사를 통해 관계를 회복하는 데 큰 도움이 될 것이라 믿었기 때문이다(축어록 내용 참조).
4회기~ 5회기	부부의 어린 시절 각자 자신의 주 양육자로부터 받은 상처를 깊게 연결하여 이해한 후 어린 시절 '미해결' 과제를 현재 배우자를 통해 얻고자 하는 것이 무엇인지를 알아차리게 되고, 어떤 행동 방식으로 나타나고 있는지 알기 위해 부모-자녀 대화법(Parent-Child Dialogue)으로 상담을 진행하였다. 부모-자녀 대화법은 상처받은 아이로 배우자를 바라보는 것이다. 부부가 지금 갈등을 빚고 있는 그 싸움의 진짜 이유는 어린 시절의 고통을 재현한 것이기 때문이다. 부부는 각자의 어린 시절 내면의 깊은 상처를 이해하게 되었다.
6회기~ 7회기	현재 부부 관계에서 반복적으로 느끼는 화가 나는 감정을 표현하고 이를 어린 시절 상처와 연결하여 상처를 치유하기 위한 중요한 상담이 이루어졌다. 이마고 부부 대화법 주요 기법 중 '행동수정요청대화법(BCR: Behavior Change Request)'은 각자가 구체적인 행동수정 요청 3가지를 제시하고, 상대가 그 요청을 받아들여 서로의 치유를 위해 노력하는 기법이다. 부부는 화가 나는 감정을 깊이 탐구하고 자신의 감정과 상처를 솔직하게 표현하게 되었고, 배우자의 이해와 공감을 받게 되었다. 배우자가 요청한 행동수정의 내용 수행을 위해 일정 기간 기꺼이 노력하며 헌신하기로 결단하였다.
8회기	부부의 8회기 상담은 매우 중요한 전환점이 되었다. 그동안의 갈등이 해결되면서 부부는 자신의 본질적인 모습을 재발견하게 되었다. 특히 자신들이 하나님의 형상을 지닌 하나님의 자녀라는 깨달음은 그들에게 큰 위안과 동기를 부여했다. 이로 인해 부부는 하나님의 용서와 사랑을 더욱 깊이 이해하고, 서로를 사랑할 수 있다는 사실에 감사하며 기뻐하게 되었다. 부부는 새로운 차원의 신뢰와 이해를 형성하는 단계로 나아가게 되었다.

회 기	내 용
	1. 하나님의 형상을 지닌 존재로서 재발견 2. 하나님의 용서와 사랑의 이해 3. 깊은 감사와 기쁨 4. 깊은 신뢰와 이해 이번 상담 과정은, 하나님의 용서와 사랑을 깊이 체험하면서 서로를 품으려는 노력으로 인해 더욱 견고해진 부부 관계를 볼 수 있는 상담이었다.
9회기~ 10회기	부부가 비로소 성장의 단계로 나아가게 되었다. 관계 비전 10가지를 세우며 서로가 협력해야 할 부분과 어렵지만 내 손을 뻗어 배우자의 손을 잡아 주는 헌신의 영역을 재확인하며 서로를 위한 헌신의 단계로 나아갔다. 이러한 과정에서 부부는 성숙한 모습을 보여주었고, 부부 상담을 종결하게 되었다. 상담이 진행되면서 부부는 관계 회복을 넘어 셋째를 임신하며 새로운 생명이 탄생하는 기쁨을 맞이하게 되었다. 관계 비전 세우기: 10가지 비전을 통해 각자의 목표와 꿈을 공유하고 부부는 서로 협력하고 헌신하며 세운 비전을 함께 달성하기 위한 계획을 세웠다. 상담 종결과 미래의 기대: 부부는 많은 성장을 이루었고 이제는 건강한 관계를 유지하며 미래를 향해 나아갈 준비가 되어 있다. 상담을 통해 얻은 교훈과 경험을 통해 행복한 가정을 유지해 나갈 것이다.

5) 상담가 자신에 대한 피드백

(1) 경험의 현상

심각한 이혼 위기에 처한 부부상담이었다. 첫 상담 시간에 부부를 만났을 때, 그들 사이에 흐르는 긴장감을 강하게 느낄 수 있었다. 그들의 표정과 몸짓은 이미 많은 것을 말해주고 있었고, 상담실 안의 공기는 무겁고 긴장으로 가득 차 있었다. 상담이 진행되면서 부부는 점차 마음의 문을 열고 서로에게 진심으로 다가가기 시작했다. 상담가도 자연스럽게 그들과 함께 깊어지는 상담에 몰입하게 되었다.

상담가가 그들의 힘겨운 상황을 가장 편안하고 안전하게 다룰 수 있도록 이끄는 역할을 할 때, 그들의 감정의 파도를 함께 타고 있는 것처럼 느꼈다. 상담가도 긴장을 풀기 위해 깊은 호흡을 하였으며, 마음은 그들의 아픔과 고통을 받아들이려고 노력했다. 또한 부부가 깊은 감정과 상처를 발견해 가면서 눈물을 흘릴 때면 그들의 이야기에 상담가도 함께 눈물을 흘리기도 하였다.

상담가는 이 부부상담을 하면서 단순히 상담가가 아니라 그들의 아픔을 함께 나누는 동반자처럼 느꼈다. 부부가 서로의 상처를 이해하고 치유와 변화로 나아갈 때 큰 감동이었고, 그들과 상담 순간들을 공유할 수 있다는 것에 감사했다.

무엇보다 그들의 힘겨운 상황을 처음 대할 때, 필자는 예수의 상담 방법을 먼저 떠올렸었다.

‘만약 예수님이시라면, 이 부부를 어떻게 상담하실까?’

아마 예수였다면, 부부가 서로 상처를 주고받은 상황에서 그들을 무조건적으로 사랑하고 수용하였을 것이며, 그들의 고통과 아픔에 깊이 공감했을 것이다. 인류를 용서한 그 사랑으로 이 부부에게 용서의 중요성을 알려주고 서로를 용서하고 화해할 수 있는 길을 제시했을 것이다.

홀로 한적한 곳에서 기도한 예수는 부부가 함께 기도하고 하나님의 말씀을 통해 영적으로 성장할 수 있도록 그들의 필요를 채워 줬을 것이라 믿었다.

상담가는 예수의 상담을 생각하며 부부가 힘겨운 상황 속에서도 가장 편안하고 안전하게 서로를 이해할 수 있도록 이마고 대화법으로 상담을 이끌어갔다.

(2) 상담가로서 작업 중 가장 좋았던 것

상담가로서 가장 좋았던 경험은 놀라운 상담가(Wonderful Counselor)인 예수의 상담 방법을 적용한 것이다. '수고하고 무거운 짐 진 자들아, 다 내게로 오라. 내가 너희를 쉬게 하리라.'라는 말을 생각하며, 아픔과 힘겨움을 가지고 온 부부에게 안정감을 제공하고, 그들의 깊은 내면의 문제를 정확히 찾을 수 있도록 도와준 것이다. 부부가 서로 존중받고 있다는 것을 깨닫게 하고, 부부 사이에 신뢰가 깊어지도록 상담을 이끌어 가는 과정이 보람되었다. 예수가 사마리아 여인과 상담할 때 그녀의 물리적 목마름을 해결하기보다는 마음속 깊은 갈망을 보게 했던 것을 떠올렸다. 예수는 그녀의 핵심 문제가 영적 목마름인 것을 스스로 깨닫게 하고, 진정한 치유와 회복으로 나아가도록 이끌었다.

이러한 예수의 상담 방식을 본받아 부부가 서로의 감정에 깊이 공감하고 서로를 이해할 수 있도록 돕기 위해 더블링(Doubling) 기술을 사용했다. 상담 과정을 진행하면서 부부가 서로의 상처를 인식하고, 그 상처의 근원적인 원인을 찾게 됐을 때 감동하게 되었다. 이 부부상담을 통해 상담가로서 예수의 상담 방법을 적용하는 것이 진정한 치유와 회복을 가져다줄 수 있음을 확신하게 되었다.

이 부부상담은 그들의 단순한 문제 해결만이 아니라, 내면을 깊이 탐구하고 진정으로 치유해 나가는 데 예수의 상담 방법이 얼마나 효과적인지를 보여주는 사례였다. 부부 상담가로서 예수의 상담 방법을 통해 내담자들의 삶에 긍정적인 변화를 이끌어 내는 데 중요한 역할을 했다는 점을 다시금 깨닫게 된 것이 감사했다.

(3) 기술적 제안

상담 중 부부는 많은 눈물을 흘리며 가슴 먹먹한 상황들을 이야기했다. 평소라면 상담가로서 그들의 힘겨운 이야기를 충분히 들어 주고 그 자리에서 더 오래 머물도록 했을 것이다. 그러나 상담가의 허리 통증으로 인해 부부가 아픈 감정들을 충분히 표현할 시간을 더 많이 갖지 못한 아쉬움이 컸다. 이런 경험은 상담가 자신이 건강 관리를 더욱 철저히 해야 함을 느낄 수 있는 계기가 되었다. 예수는 상담가로서 언제나 온전한 모습으로 내담자들이 육체적으로나 마음으로 의지할 수 있도록 이끌었다.

또한 예수의 상담은 내담자들의 부정적 이미지를 바꾸어 주었다. 예를 들어, 스승을 부인한 베드로의 죄책감과 자신의 부정적인 이미지를 그대로 두지 않고 부활 후 디베랴 호수로 찾아갔고, 베드로에게 다시 물으셨다. "네가 나를 사랑하느냐? 내 양을 먹이라." 예수는 상담을 통해 베드로 자신의 이미지가 다시금 긍정적인 이미지로 변화할 수 있도록 도왔다. 예수는 내담자에 대한 어떠한 편견 없이 그들이 소망을 잃거나 실패했을 때 다시 회복할 수 있는 길을 열어 주었다.

이번 상담에서 부부가 눈물을 흘리며 자신의 아픔을 마주할 때, 특히 어린 시절 부정적인 이미지를 갖고 있는 부분에서 예수와 같은 사랑, 섬김, 겸손, 그리고 온유함으로 상담하는 기술을 배우고 실천해야겠다는 다짐을 하였다. 예수의 상담 기술을 닮아 가며 내담자들이 자신의 아픔을 표현하고 치유될 수 있도록 돕는 것이 상담가로서의 중요한 역할임을 깨달았다.

⑷ 상담가로서 성장을 위한 선물

부부 상담가는 부부가 서로 마음 깊이 연결할 수 있도록 돕는 탁월한 기술이 필요하다. 이 과정에서 예수의 상담 방법을 본보기로 삼아 내담자를 사랑으로 깊이 공감하는 모습을 배워야 한다. 예수는 사마리아 여인을 상담할 때, 그녀의 불합리한 반응에도 그녀를 깊이 존중하며 인격적으로 다가갔다. 예수는 쉽게 판단하지 않으면서 내담자의 있는 모습 그대로 반영해 주었다. 이는 마치 거울처럼 사마리아 여인 자신의 모습을 비춰줬다. 이것은 이마고 부부상담에서의 미러링(Mirroring) 기법과도 같다.

부부 상담가는 부부가 서로를 위해 치유자로 나아갈 수 있는 능력을 발견하고, 진심으로 서로를 배려하고 신뢰하며 존중하면서 나아가도록 도울 수 있어야 한다. 이는 매우 중요한 측면이며 예수의 상담과도 흡사하다. 이런 예수의 상담 모습을 통해 상담가는 성장할 수 있을 것이다. 예수의 상담 방법을 닮아 가는 상담가는 내담자들의 근원적인 내면의 문제들을 해결하는 데 도움을 주며 그들이 경험하는 변화의 기쁨을 함께 느낄 수 있을 것이라 믿는다.

무엇보다 예수의 상담 방법에서 사랑으로 공감하는 모습, 내담자와 깊은 신뢰 관계를 형성하는 모습, 존중과 인격적으로 접근하는 모습, 비판과 판단을 배제하는 모습, 내담자가 안전하게 자기 탐색을 할 수 있도록 돕는 모습들을 볼 수 있는데, 이는 상담가인 필자 스스로에게도 놀라운 성장의 선물이 될 것이다.

6) 축어록 - 8회기 상담

(Sender: 아내 W / Receiver: 남편 H / Mediator: 상담가 T)

주제 : 감사 대화법

(Sender: 아내 W / Receiver: 남편 H)

T001: 안녕하세요? 3개월 만에 다시 뵙게 됩니다. 오늘 상담은 부부 대화법으로 진행하겠습니다. 두 분의 부부관계에서 '고마웠던 것'을 주제로 하겠습니다. 같은 주제로 말하는 사람 역할과 듣는 사람 역할을 모두 합니다. 두 분 중에 누가 먼저 말하는 사람 역할을 하실 것인지를 정하시면 됩니다.

W001: 제가 먼저 하겠습니다.

T002: 그럼 아내분은 남편분에게 고마운 것을 떠올려 보세요. 많이

있겠지만 지금 생각나는 것 하나만 선택하여 주시면 됩니다. 저를 따라서 당신에게 가장 고마운 것은… 한 문장으로 말해주세요.

W002: 당신에게 가장 고마운 것은… 당신이 우리 가족을 돌보기 위해 우리 옆으로 와 줬던 거예요.

T003: (남편을 보며) 남편분께서는 지금 아내분이 하신 얘기 그대로 미러링을 해 주시면 됩니다. 미러링 할 때는 아내의 목소리를 천천히 따라 하면 됩니다. 당신 말은….

H001: 당신 말은… 내가 가족을 돌보기 위해서 가족 곁으로 돌아왔다는 것이 고마웠다는 거지요. 내가 잘 이해했나요?

W003: 네….

T004: (아내를 보면서) 그것이 그렇게 고마웠던 것은….

W004: 그것이 그렇게 고마웠던 것은… 우리가 8년 동안 떨어져 살고 그러면서 아이를 낳아서 키우는 과정 중에 그 시간이 너무 힘들었던 시기였는데, 그때 당신이 그런 결정을 해 줘서 '나한테도 가족이 있구나!'라는 생각이 들어서 고마웠어요.

H002: 당신 얘기는… 8년 동안 떨어져 살면서 아이들을 키우는데, 아이들을 키우면서 힘든 시기였는데, 그때 가족 곁으로 돌아와 줘서 고마웠다는 얘기죠.

T005: (남편을 바라보며) 그리고… 당신에게

H003: 그리고. … 당신에게….

T006: 아내분께서 한 말을 그대로 미러링해 주세요. 가족이….

H004: 아…! 가족이 있다는 걸 느낄 수 있어서 그것이 고마웠다는 얘기죠.

T007: (남편을 보며) 다시 한번… 당신에게서….

H005: 당신에게서….

T008: 가족이 있구나….

H006: 가족이 있구나….

T009: (남편을 보며) 아내를 바라보시면서… 가족이 있구나…!

H007: 가족이 있구나…! 라는 것을 느낄 수 있어서… 내가 집으로, 가정으로 돌아와서 그것을 느낄 수 있어서 고마웠다는 얘기죠. 내가 잘 이해했나요?

W005: 네….

H008: 거기에 대해서 더 얘기해 줄 수 있어요?

W006: 우리가 떨어져 산 시기가 너무 길어서 당신이 공부하러 미국에 오래 가 있고 한국에 돌아와서도 아버님 병환 때문에 우리 가족과 같이 있는 시간이 절대적으로 적고, 그런 상황 속에서 항상 내 마음속에는 당신이 되게 남처럼 느껴졌었어요. 그런데 당신이… 그… (잠시 멈추어 울먹임) 저는 그때 아버님 돌아가시고 어머님이랑 가족을 지키기 위해서 그곳에 있을 줄 알았는데, 내 생각과는 다르게 우리 가족들에게 와 줬을

때… 처음으로 '내가 남편이 있구나…!' 그런 생각이
들었어요. (목이 메어 울먹이며 말을 함)

H009: 당신 얘기는… 8년 동안, 8년 남짓 떨어져 살고 또 아버님
편찮으셔서 내가 집에 잘 있지 못해서 남처럼 느껴졌었는데….
그리고 아버님 돌아가시고 나서는 어머님이 계시니까 오히려
더 어머님께 더 매달릴 거라고 생각을 했는데 그렇지 않고
가족에게로 와 줘서… (남편도 머뭇거림) 그게….

T010: (남편을 보며) 처음으로… 처음으로…. (더블링)

H010: 처음으로… 처음으로….

T011: (가슴에 손을 대며) 당신에게….

H011: 당신에게 남편이, '남편이 있구나…!'라는 생각을 할 수
있었다는 얘기죠. 그래서 그게 고마웠다는 얘기죠. 내가 잘
이해했나요?

W007: 네….

T012: 자… 남편분께서 아내에게 손을 내밀면서, 당신에게….

H012: (아내를 향해 손을 내밀며) 당신에게….

T013: 남편이 있구나…!

H013: 남편이 있구나…!

T014: (남편을 보며) 한 번 바라봐 주세요, 아내를….
남편이 있구나…!

H014: 남편이 있구나…!

[상담가는 계속 더블링을 사용하면서 남편의 마음이 아내의 심정을 느낄 수 있도록 이끌었다]

T015: 그런 생각이….

H015: 그런 생각이….

T016: 들었단 말이지요.

H016: 들었단, 들었단 말이죠.

T017: (애절한 목소리로) 내가 잘 이해했나요?

H017: 내가 잘 이해했어요?

W008: (흔쾌히) 네…!

[이 순간, 상담가는 부부가 대화를 통해 서로의 마음이 연결되고 있음을 느낄 수 있었다.]

H018: 거기에 대해서 더 말해줄 수 있나요?

W009: 그때의 상황은 아이들은 커 가고 둘 다 사내아이들이라… 나는 아이들을 어떻게 다뤄야 할지도 모르겠고… 애들이 더 아빠를 찾는 것 같은데 난 그 빈자리를 채워줄 수 없고… 그래서 아이들과 관계가 자꾸 악화되어 가고 너무 마음이 힘든 시기였는데… 그래서 당신에 대한 분노가 참 많았었는데… 그래도 당신이 그런 결정을 내리고 와서 아이들을 돌보고 가족으로 돌아와 줬다는 게…. (잠시 침묵)

만약에 그러지 않았다면, 그런 결정을 내리지 않았다면 그때 상황으로서는 내가 견디지 못했었을 것 같아요. 그 시기에 당신이 돌아와 줘서 가정을 돌본다는 생각이 들게 해줘서, 그게 고마웠어요.

H019: 당신 얘기는… 아이들이 커 가면서 남자아이들 둘이니까 점점 어떻게 다뤄야 할지 모르겠고, 애들은 아빠를 더 찾는 것 같은데 그것 때문에 되게 힘들었었는데… 내가 가정으로 돌아와 줘서…. (잠시 침묵)

T018: 너무….

H020: 너무 그 시간이 계속 지속됐더라면… 너무 힘이… 힘들어서 다 견디지 못했을 것 같았는데 그 시기에 내가 가정, 가족 옆으로 와 줘서… 그게… 그게… 고마웠었다는 얘기지…. 내가 잘 이해했나요?

W010: (고개를 끄덕이며) 네….

T019: (아내를 보며) 남편분이 잘 이해했나요?

W011: 네….

T020: (남편을 바라보며) 거기에 대해서….

H021: 거기에 대해서 더 얘기해 줄 수 있나요?

T021: (아내를 바라보며) 그때 나의 심정은…
(아내의 심정을 표현하게 함으로써 깊어지게 연결을 시도함)

W012: 그때 나의 심정은… 다 포기하고 싶었어요. 아이들한테도
　　　 너무 화가 나고… 소통이 안 되니까 자꾸 화내는 엄마 모습만
　　　 보여주고, 밖에 나가서 일을 하지만 일하는 것도 그렇게 신나지
　　　 않고… 집에 들어오는 것도 힘들고… 그래서 모든 생활을
　　　 포기하고 싶을 만큼 많이 힘들었었는데… 이대로 가다가는
　　　 '가정이 다 붕괴가 되지 않을까!' 그런 불안감이 있었던
　　　 시기였는데…. (계속 울먹이고 눈물을 흘리며)

T022: (아내를 보며) 거기까지….
　　　 (남편을 보며) 남편분께서… 그때 당신 심정은….

H022: 그때 당신 심정은… 다… 포기하고 싶을 정도로 힘들었고,
　　　 아이들과 소통도 잘 안 되니까 밖에서 일하는 것도 그렇게,
　　　 항상 소통이 안 되고 답답하니까 일도 잘 안 되고… 그래서
　　　 많이 힘들었었고… 또 우리 가정을 '이대로 지켜나갈 수
　　　 있을까… 지켜낼 수 있을까…' 그런 걱정도 되고… 불안감이
　　　 많이 들었다는 얘기죠. 내가 잘 이해했나요?

W013: 네….

H023: 거기에 대해서 더 얘기해 주시겠어요?
　　　 (아내는 말을 잇지 못하고 눈물을 흘리고 있음)

T023: 그런 상황에 당신이….

W014: 그런 상황에 당신이 당신마저 만약에 돌아오지 않았다면….
　　　 (잠시 침묵함)
　　　 그… 너무, 너무 많이 힘들었을 것 같은데… 그때 당신이
　　　 와 줘서… 너…무(강조) 안심이 됐어요.

H024: 그때 그렇게 힘들었을 때… 포기하고 싶을 때, 그럴 때, 어떻게 할 줄 몰랐는데, 내가 와 줘서 너무 안심이 됐다는 얘기죠?

T024: 포기하고 싶을 정도로 불안한 상황이었는데….

H025: 포기하고 싶을 정도로 불안한 상황이었는데….
그 순간에 내가 와 줘서 안심이 됐다는….

T025: (남편에게 가슴에 손을 대도록 하며) 남편분 이렇게 해 보실래요?
내가….

H026: 내가….

T026: 당신과

H027: 당신과

T027: 아이들 곁으로 와 줘서….

H028: 아이들 곁으로 와 줘서 너무 안심이 됐다는 얘기죠?

W015: 네….

H029: 내가 잘 이해했나요? (아내 고개 끄덕임)
거기에 대해서 더 얘기해 주시겠어요?

W016: 그때 내가 힘들었던 것은… 내가 아내로서 남편이 없는 것도 힘들었지만 아이들한테 아빠가 없다는 게, 늘 아빠는 부재중이라는 게 애들한테 너… 무 미안하고 그 상황이 너무 화가 나고 속상했었어요.

H030: 당신 그때 심정은… 물론 여자로서 남편이, 결혼한 여자로서 남편이 없는 것도 힘들었지만 아이들에게 아버지가 없는 상황을 만들어 줄 수밖에 없었던 그, 그것이 너무 견디기가 힘들었다는 얘기죠. 내가 잘 이해했나요?

W017: 네….

H031: 거기에 대해서 더 얘기해 주시겠어요?

깊어지기: 아내의 어릴 적 상처와 연결됨

[상담이 진행되어 가면서 부부는 마음 깊은 자신의 심정을 드러내기 시작했다.]

W018: 그리고 언젠가부터 아이들이 엄마, 아빠를 잘 안 찾는 거예요. 할머니랑 있는 상황에 익숙해지면서… 엄마를 애타게 기다리는 모습도 없고… 아빠는 그냥 늘 안 오려니… 없으려니… 이런 생각을… 하는 모습을 보이고 아이들이 내가 들어가도 그렇게 반갑게 다가오지 않는 모습들이 내가 정말 뭘 잘못하고 있나…? 잘못 살고 있나…? 애들한테 못 할 짓을 하고 있나? 이런 생각 때문에 많이 속상했어요.

T028: (아내를 바라보며) 그것과 관계 있는 어릴 적 기억을 연결할 수 있는 게 있다면요….

W019: 저는 항상 집에 가면… 학교 끝나고 집에 가면 아무도 없어요. 두 분 다 일하러 나가시니까 아무도 없는 집에 들어가 있었어요. 그것은 어떨 땐 너무 무서웠어요. 혼자 집에 있는 것이 너무 무서워서 집 바깥에 있다가… 엄마 들어올 때까지 기다렸다가 같이 들어간 적도 있었는데… 그래서 저는 두 분 중에 한 명만, 엄마나 아빠 한 명만 집에 있었으면 좋겠다…. 누군가 내가 집에 들어갔을 때 나를 반겨 주는 사람이 한 명만 있었으면 좋겠다. 늘 그런 생각을 가지고 힘들게 살았는데… 그런데 아이들이… 어느 순간… 포기하는 것은 아닌가? 그런 생각을 했어요. 나도 어느 순간 포기를 하게 됐는데… 애들이 혹시 지금 포기하고 있는 상태가 아닌가… 너무 엄마, 아빠가 없으니까… 내 어린 시절 그때처럼 내가 아이들을 방치하고 있는 게 아닌가… 그런 생각이 들었어요.

(아내는 힘이 빠질 정도로 흐느껴 운다)

T029: (말없이 남편에게 미러링 손짓)

H032: 당신 얘기는… 어느 순간 이제 아이들이 엄마, 아빠를 안 찾고… 할머니하고만 같이 있고… 엄마가 들어와도… 당신이 들어와도… 애들이 별로 반가워하지도 않고, 아빠는 그냥 없으려니 하고 그냥 포기하게 되는 건 아닌가… 그런 생각 때문에… 당신의 어렸을 때, 당신이 집안에 이렇게 혼자 있으면서… (급하게 미러링함)

T030: (남편을 바라보며) 좀 더 천천히….

H033: 엄마를 기다리면서… 밖에서 기다리다 들어오고 같이
들어오기도 했지만, 결국에는 당신이 포기한 것처럼 아이들도
그냥 그렇게…. (울먹임)
당신이 어릴 적 그랬던 것처럼 아이들도 포기해 버리게 되는
것은 아닌지… 그렇게 애들을 방치하게 되는 건 아닌지…
그런 불안감 때문에 힘들었다는 거지… 내가 잘 이해했나요?

W020: (고개를 끄덕이며) 네….

H034: 거기에 대해서 더 얘기해 주시겠어요?

W021: 나는, 내가 아마 일찍 결혼한 이유도 좋은 가족, 내가 가져
보지 못한 좋은 가정을 너무 갖고 싶어서… 결혼하고 아이를
낳았는데 그래서 내가 못 받았던 사랑도 해 주고… 내가 정말
원했던 가정생활을 아이들에게 경험해 보게 해 주고
싶었는데… 어느 순간 보니까 애들의 처지나 내 처지나, 나의
어렸을 때 처지나 별로 다른 게 없는 거예요. 내가 어렸을 때
느꼈을 그 무서움과 두려움을 애들도 느끼다 못해 이젠
무뎌지고 있는 게 아닌가… 애들이 감정도 잘 표현하지도
않고… 엄마, 아빠를 그렇게 반기지도 않는 모습이 너무
무섭고 두려웠어요.

H035: 당신 얘기는… 당신이, 아… 일찍 결혼을 한 이유도, 뭔가
당신이 누려 보지 못한 그런… 그… 좋은 건 아니라도,
일반적인 그런 가정 속에서 아이들을 그냥 부모 관심을 받는
아이, 아이들로 키우고 싶은 그런 마음이 있었는데… 어느
순간 돌아보니까 당신이 예전에 그냥 집안에 혼자 남아 있던

그런 모습처럼, 어느 순간 우리 아이들이 엄마, 아빠 없이 그냥 거기에 있는 걸 보고 두려워하는 것을 넘어서서 어느 순간 무뎌져 버려서 아예 당신 처지같이 똑같이 그렇게 만드는 것은 아닌가 하는 생각 때문에 많은 두려움이 있었다는 그런 얘기지… 내가 잘 이해했나요?

W022: (눈물을 한없이 닦으며) 네….

H036: 거기에 대해서 더 얘기해 주시겠어요?

T031: (아내를 바라보며) 그런 상황에 당신이….

W023: 그런 상황에 당신이… 정말 그 절망스러운 상황에…
당신이… 나는 정말 어떻게 해야 될지도 모르겠는
그 상황에… 당신이 내 남편으로서… 아이들 아빠로서…
가족에게 이렇게 돌아와 줬을 때 너무 고맙고… 어…!
정말… 가족을 구원해 주러 오는 사람이 왔구나!
나를 이 고통에서 벗어나게 해 줄 사람이 왔구나!
그렇게 벅찼었어요…!!

H037: 당신 얘기는… 당신이 어떻게 해야 될지 모르는 상황에서
당신의 남편으로 아이들의 아버지로 내가 돌아와 줘서
'우리 가족을 구원해 주러 왔구나'라는 생각이 들어서 되게
가슴이 벅찬 생각이 들었다는 거지요.

W024: (눈물을 닦고 고개를 끄덕이며) 네….

H038: 내가 잘 이해했나요?

W025: 네….

요약 반영하기

T033: 네… 지금까지 들은 아내분의 이야기를 전체적으로 요약을
한 번 하겠습니다.

H039: 오랜 시간 당신과 내가 떨어져서… 당시에 애들을 할머니가
돌보는 그런 상황에서… 딸아이들도 아니고 아들들이라서
당신은 어떻게 애들을 다뤄야 되는지 모르는 상황에서, 당신이
어렸을 때, 혼자 남아 있곤 했었던 것처럼 우리 아이들을
방치하게 되는 건 아닌가 하는 걱정도 들고, 그 속에서
아이들은 점점 당신이 와도 반기지도 않고 아버지가 없는 걸
그냥 당연하게 여기는 그런 상황이 돼서 가족의 위기감을
느꼈고… 그러니까 뭐 당연히 일도 잘 안되고… 굉장히 힘든
상황에서… 다 포기하고 싶은 그런 상황에서 내가 가족의
곁으로 돌아와서….

T034: 처음으로….

H040: 처음으로….

T035: 남편이 있구나…!

H041: '남편이 있고 아이들에게도 아버지가 되어 줄 아버지가 있구나…!

아빠가 있구나…!'라는 생각이 들었고… 그리고 당신이 예전에 결혼할 때 꿈꿔 왔던 그런 부모와 자식이 같이 어울려 사는 그런 가족을 만들 수 있구나! 하는 구원받은 느낌을 가질 수 있어서 고맙고, 그게 가슴 벅찼었다는 얘기지…. 내가 잘 이해했나요?

W026:   네….

T036:   (아내를 바라보며) 남편이 잘 이해했어요?

W027:   (고개를 끄덕이며) 네….

인정하기

T037:   (남편을 바라보며) 남편분께선… 당신의 이야기를 듣고 보니까….

H042:   (아내를 보며) 당신의 이야기를 듣고 보니까….

T038:   당신의 마음이 이해가 되요.

H043:   당신이 뭔가 문제가 생겼는데도 어떻게 해야될지 모르겠는… 그… 조바심이라고 해야 되나요? 그걸 뭐라고 해야 하나요? 음… 답 답답한 거라고 해야 되죠? … 절박함?

T039:   (고개를 끄덕이며) 음… 절박함….

H044:   그리고 당장은 어떻게 잘 안되는 건 눈에 보이니까 그것이
        되게 불안하고… 그렇다고 어떻게 해야 될지도 모르니까
        답답하고… 막막함… 막막하고….

T040:   (고개를 끄덕이며) 음… 막막함….

H045:   당신은 감정이 되게 무딘 사람이라고 생각을 했었는데…
        그런 걸 다 느끼고 굉장히 불안에 떨고 있었구나! 그래서
        내가 그때 그래도 늦게나마 가서, 그렇게 가족 곁으로 돌아와서
        남편이 되어 있는 것 같아서 안심도 되고 애들에게도 아빠가,
        항상 옆에 있는 아빠가 있어 줄 수 있어서 그것에 대해서
        되게 안도감을 느끼고 구원받은 느낌처럼… 그렇게 가슴
        벅찬 느낌이 들었겠구나…!

T041:   그런 당신의 마음이….

H046:   그런 당신의 마음이 느껴져요.

T042:   (남편을 보며) 이해가 되요….

H047:   (고개를 끄덕이며) 네… 이해가 되요.

T043:   이해가 되요… 음…. (남편을 보며 가슴에 손을 대며)
        아내에게서 나에게도 남편이 있구나!

H048:   당신에게도 남편이 있구나!

T044:   그리고 가족이 있구나!

H049:   그리고 가족이 있구나!

T045:	그런 당신의 마음이….

H050:	그런 당신의 마음이 이해가 되요.

T046:	(아내를 손짓하며) 이해가 되요…. 내가 잘 이해했어요?

H051:	(아내를 바라보며) 내가 잘 이해했어요?

W028:	(고개를 끄덕이며) 네….

공감하기

[공감 부분에서 적절한 언어 표현이 나올 수 있도록 이끄는 것은 상담가의 중요한 작업이다. 예수의 상담은 내담자가 확실한 고백을 하도록 여러 번 질문하며 이끌어 냈다. (베드로 사례)]

T047:	내가 당신의 마음을 이해하고 보니까….

H052:	내가 당신의 마음을 이해하고 보니까….

T048:	그때 당신의 심정은….

H053:	그때 당신의 심정은….

T049:	(남편을 보며) 한 번 상상을 해 보세요.
	그때 그런 절박하고 정말 포기하고 싶은 그런 상황에서….
	그때 남편이 가족에게로 돌아와 줘서, 가족의 위기가
	회복됐을 때… 아내의 심정은 어떠했을 것 같은지…
	한 번 상상을 해 보세요.

H054: (5초간 침묵하며 고개를 숙이고 생각에 잠김)

T050: 아내를 쳐다보시면서… 당신은 아마도….

H055: 당신은 아마도… 그냥 결과적인 면에서는 되게 반가웠을 것
       같아요.

T051: (남편을 보며) 이렇게 표현을 좀 해 주시겠어요.
       (손으로 제스처를 취해 주며)
       감정적인 표현… 당신이 정말 반가웠을 것 같아요.

H056: 당신이 정…말 반가웠을 것 같아요.
       그리고 깜깜한 방에서 이렇게 더듬다가 스위치를 딱
       발견했을 때의 그런… 그런 느낌…이라고 해야 하나요?
       (미소를 띠며) 그런 느낌이 들었을 것 같아요. 그 전에는
       말 그대로 정말 어떻게 해야 할지도 모르겠고… 그냥 그냥
       발만 동동 구르고… 화만 이유 없이 나고… 그냥 짜증만 나고
       가정이 제대로 안 되어 있으니까… 그랬을 것 같아요.

T052: 절망적인 그런 상황에서….

H057: 짜증스럽고… 힘들고… 그런 상황에서 뭔가 답도 안 보이던
       속에서 해결책이 보이는 것 같은 느낌이 들어서 되게….

T053: 그래서 당신 마음이… (남편을 보며) 벅찼을 것 같아요?

H058: 그래서 당신 마음이 벅찼을 것 같아요.

T054: 그런 당신의 마음이….

H059: 그런 당신의 마음이….

T055: 와… 닿아요.

H060: 와 닿아요.

T056: 내가 잘 이해했나요.

H061: 내가 잘 이해했나요?

W029: 네….

T057: 아내가 지금 심정을 이야기를 한 것을 들으면서 다시 한번 나에게 와 닿은 것은… 당신의 얘기 속에서 내게 와 닿는 당신의 심정은….

H062: (고개를 숙이며) 당신은 되게… 몰랐는데….

T058: (남편을 향해) 아내를 보시면서….

H063: 당신이 엄청나게 힘든 그런 상황에서… 그닥, 나는 아닐 거라고 생각했었는데… 나를 굉장히 찾고 있었구나…! 그렇게까지 찾고 있을 줄은 몰랐는데… 그냥 당신 가족, 그냥 거기에 만족하고 나빠도 만족하고 있는 줄 알았는데 그런 게 아니었구나! 그 상황 속에서 혼자라고 생각하면서 모든 걸 버티고 있었구나….

T059: 그런 당신의 마음이….

H064: 그런 당신…. (말을 잇지 못하며 울먹임)

T060:   마음이… 와 닿아요?

H065:   고통스럽고 짜증스러운 마음이… 그 당시에… 당신이 그렇게
        짜증을 부릴 수밖에 없었던 그 마음이 와 닿아요.

T061:   여보… 당신의 마음이….

H066:   여보… 당신의 마음이….

T063:   내게 와 닿았어요.

H067:   내게 와 닿았어요.

T064:   내가 잘 이해했나요.

H068:   내가 잘 이해했어요?

W030:   (눈물을 흘리며…) 네….

T065:   (아내를 보며) 남편께서 잘 이해해 주셨어요?

W031:   (계속 눈물을 닦고 있다) 네….

T066:   (아내를 바라보며) 당신이 내 마음을 그렇게 이해해
        주니까….

W032:   당신이 내 마음을 그렇게 이해해 주니까… 너무… 안심이
        돼요.

T067:   (아내를 바라보며) 안심이 돼요… 음…!
        (남편을 바라보며) 남편분께서 지금까지 당신의 이야기를
        들은 나의 심정은….

H069: 당신과 내가 같은 처지였는데 너무 서로의 감정을 이해를 못했구나…! 지금까지… 나는 그냥 성격 탓으로만 돌렸구나! 서로의 마음은 그런 것이 아니었는데….

T068: 그런 생각이 들었나요?

H070: 네….

T069: (아내를 바라보며) 남편 말을 그대로 한 번 미러링 해주세요. 당신이 내 이야기를 듣고 난 지금의 심정은….

W033: 당신이 지금까지 내 이야기를 듣고 난 심정은… 지금까지 내가 당신과 똑같이 가족들 때문에 힘들어하고 있었다는 게 이해가 됐다는 얘기죠?

T070: 제가 잘 이해했나요?

W034: 제가 잘 이해했나요?

H071: 네….

T071: 이제 역할을 바꾸도록 하겠습니다.

역할 바꾸기

(Sender: 아내 W / Receiver: 남편 H / Mediator: 상담가 T)

T072: 나도….

H072: 나도….

T073: 우리 결혼 생활에서….

H073: 우리 결혼 생활에서….

T074: 당신에게….

H074: 당신에게….

T075: 고마운 것은….

H075: 고마운 것은….

T076: 한 문장으로….

H076: 내가 직장을 그만두고 가족에게 돌아오기로 결정하고 돌아왔을 때 당신이 나를 무작정 뿌리치지 않아서, 이해해 주려고 해서 그것이 참 고마웠어요.

W035: 당신 말은… 당신이 직장을 그만두고 우리 가족에게 돌아왔을 때…. 내가 무작정 뿌리치지 않고 이해해 주려고 해서 고마웠다는 얘기지요…. 내가 잘 이해했나요?

H077:   네⋯. (고개를 끄덕이며)

W036:   거기에 대해서 더 얘기해 줄 수 있나요?

T077:   그것이 그렇게 고마운 것은⋯.

H078:   그것이 그렇게 고마운 것은⋯ 어떤 의미에서 집안에서
        가장이 직장을 그만두고 오면 여자로서는 되게 무책임하다고
        생각하기 쉽고 당장 한마디로 쫓아내 버리겠죠. 네⋯ 그러기
        쉬운데⋯ 그래도 내가 무슨 생각이 있으려니 하고⋯ 그래도
        그것을 이해하려고 해줬다는 게⋯ 그게 되게 고마웠어요.

W037:   당신의 얘기는⋯ 가장이 직장을 그만둔다는 게 참 어떻게
        보면 집에서 쫓아낼 수 있을 정도로 큰일인데⋯ 내가 '당신이
        무슨 생각이 있겠거니'라고 이해해 주고 받아들여 준 것
        같아서 고마웠었다는 얘기죠? 내가 잘 이해했나요?

H079:   네⋯.

W038:   거기에 대해서 더 얘기해 줄 수 있나요?

H080:   (말을 잇지 못함)

T078:   그때 나의 상황⋯ 아니면 나의 심정⋯.
        (깊어질 수 있도록 바로 연결 시도)

H081:   (만감이 교차하듯 말을 잇지 못함) 그때⋯ 그⋯ 그때 어떻게
        보면 내가 지금까지 계속 앞만 보고 왔는데⋯ 계속 앞만 보고
        와서 공부도 어느 정도 하고, 이제 박사 위에는 더 없으니까
        다 끝내고⋯ 그냥 사회생활 하면서 그냥 이대로 가면 그냥

어느 정도 사회적 지위도 생기는데… 그런데도 그것을 다 그만두고 다 포기하고 돌아오려는 상황이 되게 겁났었거든요. 그때 나의 심정은… 아마 처음으로 뭔가를 하다가 이제 중간에 돌아서는 거잖아요. 어쨌든… 그러니까 뭐 가족으로 돌아오는 것이… 새로운 앞길이라고 생각할 수도 있겠지만, 어쨌든 내가 지금 하고 있는 것과는 전혀 관련 없이 그냥 돌아와야 되는 선택을 하게 되는 거여서 되게 나도 불안했어. 어쩌면 지금까지 한 것을 다 버리고 돌아가는 건데 만약 이게 실패하면 나는 어떻게 될까 라는 그런 불안감이 굉장히 컸어요.

T079: (아내를 바라보며 소리 없이 미러링 손짓)

W038: 당신 말은… 이렇게 앞으로만 가다가 되돌아가는 길인데 가족을 위해서 다 버리고 돌아오기로 결심을 했는데 그 결심도 두려웠지만 만약에 실패하면 어떡하나… 그런 불안감이 많았었다는 얘기지요…. 내가 잘 이해했나요?

H082: 네….

W039: 거기에 대해서 더 얘기해 줄 수 있나요?

H083: 그만두면 다시 솔직히 재기할 수 있을지 없을지도 모르는 거고 뭐 사십 전에는 충분히 된다고는 하지만 그게 상황이 어떻게 바뀔지 모르는 거고… 단 1-2년 쉬면, 내가 일하는 분야에서 밀려나는데… 그런 것 때문에 되게 많이 불안했어요. 과연 가족을 위해서, 가족을 위해서라고는 하는데, 진짜 지금까지 내가 30년 넘게 쌓아왔던 이 모든 걸

한꺼번에 다 놓아 버리고… 솔직히 그 30년이라는 세월은 나 자신이었거든…. '나 자신을 송두리째 파묻어 버리고 가족을 위해서 뭔가를 해봐야겠다'라고 마음먹고 돌아가는 것이 정말 잘하는 것일까? 성공할… 그게 정말 잘하는 것이라는 보장이 단 1퍼센트도 없는데… 이렇게까지 하는 게 나 자신에게 의미가 있을까 하는 많은 고민도 있었고… 많이 불안했어.

T080: 그렇게 불안한 솔직한 마음인데도… 나의 모든 것 내려놓을 수밖에 없는 우리 가정 상황은….

H084: 그때 우리 가정 상황이 내가 봐도 위험해 보였어요. 조금씩 조금씩 더 멀어져 가고, 도대체 이게 가족 모습인지… 가정인지… 나 스스로도 모르겠고…. 어떻게든 가족이라는 이 범위 안에 당신, 아이들 전부 다 나를 중심으로 끌어안고 싶은데… 그게 되지도 않고, 서로가… 당신도 벗어나려고만 하는 것 같고… 가족은 더 멀어져 가는 것 같고… 그래서 나는 정말 절실했어요. 뭔가 하나는… 정말 다른 모든 걸 버려서라도 한 번쯤은 가족을 위해서 뭔가를 시도해 봐야겠다 하는 그런 생각이 절실했어요.

T081: 그 절실한… 심정을… 아내를 보면서…
한 번 얘기해 주시겠어요? 여보… 그때 내 심정은….

H085: 그때 내 심정은 정말 나라는 사람을 정말 죽여서라도 어떻게든 한번은 가족을 위해서 뭔가를 해보고 싶었어요. 진짜….

W039: 당신은 우리 가족이 너무 멀어지는 것 같고 당신 중심으로 이 가족을 모으고 싶은데 그게 잘 되지도 않고… 그래서 당신을 죽여서라도 가족을 위해서 한번 최선을 다해서 노력해 보고 싶었다는 얘기죠? 내가 잘 이해했나요?

H086: 네….

W040: 거기에 대해서 더 얘기해 줄 수 있나요?

H087: 그게 너무 견디기 힘들었어요. 우리 아버지가 그렇게 사랑했던 가족이었는데, 그 가족을 내가 다 깨 버리는 것 같아서….
(억눌렸던 감정이 폭발하듯… 절규하며 운다)
너무… 그 자체가 너무 받아들이기 힘들었어요. 정말 내가 할 수 있는 최선이 무엇일까! 내 공부하고 그냥 사회 나가서 사회생활 하면 그만인가! 지금 내 가족은 어떻게 되어 가고 있는가…! (목소리가 떨리며) 아버지 돌아가시고 나니까 더 생각이 번쩍 들더라고요. 지금 우리 가족을 한번 되돌아보게 되더라고요.

T082: 음… 음… 음… 거기까지….

W041: 당신 말은… 우리 가족이 갈수록 멀어져 가고 당신이 생각했을 때 아버님이 그렇게 사랑했던 가족인데 혹시 당신이 깨 버리는 것은 아닌가 하는 두려운 마음이 있고, 그래서 어떻게든 되돌려보고 싶어서 모든 걸 던져서라도 한 번쯤은 최선을 다해서 되돌려보고 싶었다는 얘기지요…. 제가 잘 이해했나요?

H088: 네….

W042: 거기에 대해서 더 얘기해 줄 수 있나요?

T083: (남편이 너무 통곡을 하면서 울어서… 남편에게 휴지를
건넴)

H089: 그렇게… 그래도 아버지 돌아가시고 나서, 매 주말마다
아버지 무덤가에 앉아서 물어봤죠. 아버지에게… "제가 뭘
어떻게 하면 될까요?" 근데, 아버지는 돌아가시는 순간에도
아버지 때문에 가정이 다 망쳐지는 것 같아서 되게
미안하다고 저한테 그러시더라고요.
(울먹이며 눈물을 흘리며 말을 잇지 못하고 고개를 들지
못함)
그래서 저는 아버지한테 가정이 무너지는 게 아니라
바로잡아져 가는 과정일 거라고 그렇게 생각한다고 아버지께
말씀드렸어요. 그런데 정말 바로잡으려면 뭘 해야 될까…?
지금 가족은 점점 더 멀어져 가는 것만 같은데….
뭐가 문제일까? 돌이켜보니까… 항상 그냥 저 스스로 그랬던
것 같아요. 당신이 우리 가족한테 못했던 것, 부족했던 것만
항상 탓하고 있었던 거예요. 저 스스로도…. 그리고 언젠가는
그렇게 안 되겠지… 막연하게 바랐던 거고….
그래서 이래서는 안 되겠다. 지나가는 과거가 무슨 상관이냐….
그런 걸 다 잊어버리려면 지금까지 나를 버려야 했어요.
그래서 그냥 지금껏 내가 뭘 해 왔던 간에 버려 두고, 무슨
결과가 나한테 닥치든 간에 가정으로 일단은 가 보자. 당신은

받아 주던 안 받아 주던⋯ 무슨 일이 벌어지던 일단은 부딪혀 보자. 그것을 한 번쯤은 내 모든 것을 버려서 한 번쯤은 해 봐야만 했어요.

T084: 네⋯ 잠시⋯ 거기까지⋯. (아내에게 미러링 손짓)

W043: 당신 말은⋯ 아버님 돌아가시고 나서 당신이 매주 주말마다 아버님 산소에 가서 어떻게 해야 되나! 고민하고, 많이 고민하고 아버님께 묻고 그러면서 아버님이 했던 얘기가 생각이 났는데⋯ 돌아가시기 전에 "내가 가족을 망치는 게 아닌가 모르겠다."라는 말을 듣고 당신이 이뤄져 가는 과정이라고 그렇게 얘기를 했는데 뭘 어떻게 해야 될지⋯. 우리 가족은 멀어져만 가고 바로잡아야는 되겠는데⋯ 가족을 위해서 한 번쯤 정말 우리 가족을 위해서 모든 걸 한 번 버리고 과거를⋯ 과거를 그냥 묻고 가족을 위해서 돌아가야겠다. 너무나 어렵게 그 결심을 하게 되었다는 얘기지요⋯. 내가 잘 이해했나요?

H090: (고개를 끄덕이며) 네⋯.

W044: 거기에 대해서 더 얘기해 줄 수 있나요?

H091: 그 상황이 너무 슬펐어요. 당신은 당신 가족, 애들하고만 가족으로 생각하는 것 같았고⋯ 나는 그냥 나와 부모님, 우리 가족들 이렇게 그냥 딱 나눠져 버린 것 같아서 그것이 너무 슬펐어요.

W045: 당신 말은⋯ 내가 우리 가족은 나와 아이들, 엄마 그리고

당신은 당신 식구들 이렇게 서로 나누어 버리는 것 같아서 그게 많이 슬펐다는 얘기지요…. 내가 잘 이해했나요?

H092: 네….

W046: 거기에 대해서 더 얘기해 줄 수 있나요?

H093: 어떻게 정리가 될 수 없을 것 같은 그런 상황에서 내가 정말 간절하게 나 자신에게… 가족에게 뭔가를 해야겠다는 절박한 마음으로 다 그만두고 돌아갔을 때, 정말 나는 당신마저도 안 받아줄 줄 알았어요. 뭔 얘기를 해도… 뭐든지 내가 다 그냥 어떻게든 다 감당해야 될 줄 알았는데…. 그래도 내가 얘기를 했을 때, 당신이 그래도 뭔가 당신의 생각, 감정을 솔직하게 얘기해 주고 날 그대로 이해해 주려고 노력을 해 줘서 그것이 아무것도 아닌 것 같았겠지만 나한테는 그것이 큰 힘이 됐어요.

그러니까, 그냥 바닥도 없는 그런 컴컴한 방에 있는 것 같다가… 어디로 떨어지는지도 모르는 방에 있는 것 같다가… 그래도 바닥이라도 디딜 수 있게 되는 그런 상황이 된 것 같아서… 그렇게 뭔가 '그래도 서 있을 수는 있구나'라는 그런 안도감이… 그것이 나에게 큰 힘이 됐어요. 그래서 그것이 지금까지도 고맙고 잊혀지지가 않아요.

W047: 당신 말은… 당신이 그런 결정을 했을 때 내가 이해해 주지 못할 줄 알았는데 받아들여 주고 이해하려고 하는 모습을 보여줘서 많은 힘이 됐었고, 그 당시에 당신은 바닥을 알 수 없는 그런 방에 있는 기분이었는데, 그래도….

T085: 깜깜한… 방에 있는 것….

W048: 깜깜한 방에 있는 것 같았고 '그래도 디딜 바닥이라도 있구나'라는 생각이 들어서 많이 위안이 됐었고… 고마웠었다는 얘기지요…. 내가 잘 이해했나요?

H094: 네….

요약 반영하기

T086: 지금까지 남편 이야기를 들으면서 부분 부분으로 다 반영을 했기 때문에 전체 내용을 핵심적인 것이 무엇인지를 요약 반영하겠습니다.

W049: 당신 얘기는…. 우리 가족이 갈수록 멀어지는 것 같고… 어떻게든 바로잡고 싶은데… 또 아버님이 그렇게 사랑했던 가족인데 당신이 망치는 게 아닌가, 그런 불안감과… 불안함이 있었는데… 정말 어렵게 지금까지 당신이 쌓아 온 걸 모두 다 버리는 것 같은 그런 결정을 하고… 직장도 그만두고 우리 가정으로 돌아오기까지 많은 고민과 불안감이 있었다는 거죠. 그리고 그 모든 것을 그만두고 왔을 때 내가 이해해 주지 않을 줄 알았는데… 그래도 이해해 주는 것 같은 그런 마음이 느껴져서 많이 고마웠었다는 거지요…. 힘이 됐었다는 얘기지요…. 내가 잘 이해했나요?

H095: 네….

인정하기

T087: 음… 당신의 이야기를 듣고 보니까….

W050: 당신의 이야기를 듣고 보니까….

T088: 당신의 마음이 이해가 돼요.

W051: 당신의 그 절박했을 마음이 이해가 돼요. 당신이 가족을 지키기 위해서 사실 남자로서 그 모든 30년 동안 쌓아 왔던 것을 어떻게 보면 버리는 건데… 다시 복귀할 수 있을지도 장담하지 못하는 상황인데 그런 것까지 버려 가면서 어떻게든 가정을 지키려고 했었던 그 마음이 느껴져요.

T089: 당신의 그 마음이 느껴져요….

W052: 아버지 산소에 가서도 그렇게 고민하고… 아버지에게 묻고… 아버지께서 그렇게 사랑했던 가족들을 지켜야겠다고 했던 그 절박했던 마음이 가족을 너무 소중하게 생각했던 그 마음이 느껴져요.

T090: 내가 당신 마음을 잘 이해했나요?

W053: 내가 당신 마음을 잘 이해했어요?

H096: 네….

T091: (남편을 보며) 아내분께서 잘 이해했어요?

H097: 네….

공감하기

T092: (아내를 보며) 당신의 마음을 이해하고 보니까….

W054: 당신의 마음을 이해하고 보니까….

T093: 당신의 그때의 심정은… 아내분은 그때의 남편분의 심정을 상상해 보세요. 당신은 아마도 이랬을 것 같아요….

W055: 당신의 그때의 심정은….
아마도 너무 막막하고 답답하고 멀어져 가는 우리 가족을 보는 마음이 너무 안타까웠을 것 같아요. 어떻게든 되돌리고 싶은데… 보이지는 않고, 해결책이 보이지는 않고… 그래서 너무 고민 끝에 남자로서는 정말 하기 힘든 결정을 하고… 우리 가정으로 돌아올 때, 그때 그 불안함과 남들한테 이해받지도 못할 것 같은 그런 외로움과 아내인 내가 받아들여 주지 않으면 어떡하나… 라는 그런 불안함까지 같이 떠안으면서도 어떻게든 그렇게까지라도 해서 우리 가족을 지키지 않으면 당신이 당신 자신을 용서하지 못했을 그런 마음까지 가질 만큼 절박했을 그 마음이 느껴져요.

T094: 절박했을 마음이 느껴져요?

W056: 네… 절박했을 것 같아요.

T095: 남편을 쳐다보면서 한 문장으로… 당신의 그때의 심정은….

W057: 그때 당신의 심정은… 정말 불안하고… 절박하고… 정말 힘들었을 것 같아요.

T096: 불안하고… 절박한 그 심정이 느껴져요….

음… (아내를 보며) 여보 하고 불러 보세요.

W058: 여보…. (목소리가 떨리며)

T097: 당신이 그렇게 선택하기까지….

W059: 당신이 그렇게 선택하기까지….

T098: (힘을 주며 강조하듯) 정말….

W060: (공감하듯) 정말 많이… 불안하고… 많이… 힘들고… 많이…

외롭고… 많이… 무서웠을 것 같아요.

T099: 남편께 물어보세요. 내가 마음을 잘 이해했어요?

W061: 내가 당신 마음을 잘 이해했어요?

H098: 네….

T100: (남편을 바라보며) 아내분이 잘 이해하셨어요?

H099: (고개를 끄덕이며) 네….

T101: (남편에게) 아내를 보면서… 그때 나는….

H100: 그때 정말 나는….

정말 불안했고… 겉으로는 이런저런 핑계를 대면서 내가

스스로 한 선택이라고 내가 좋아서 한 선택이라고 했지만…

정말 불안하고 나 스스로에게도 죄책감도 들었어요.

내가 그동안 해 왔던 것을 다 어떻게 보면 잃는 거니까.

그래서 그것 때문에 불안하고… 나한테도 미안하고
그랬어요.

T102: (아내를 보면서) 한 번만 더 미러링… 당신 그때 심정은….

W062: 그때 당신 심정은 너무 불안하고 지금까지 이뤄 온 모든 것을
잃어버리지는 않을까… 그런 마음이 많이 있었고…
힘들었다는 거지요.

T103: (아내를 바라보며) 당신 자신에게도….

W063: 당신 자신에게도 죄책감도 들었다는 거지요.

H101: 네….

T104: 내가 잘 이해했나요?

W064: 내가 잘 이해했나요?

H102: (고개를 끄덕임)

T105: (남편을 바라보며) 당신이….

H103: 당신이….

T106: 내 마음을 그렇게 이해해 주니까….

H104: 내 마음을 그렇게 이해해 주니까….

T107: 지금 내 마음은… 내 심정은….

H105: 지금 내 심정은… (한참 생각하다가) 좀 더 따뜻해진 것
같아요.

T108: (아내를 바라보면서) 아내를 불러 보세요… 여보….

H106: 여보… 내가 당신에게 이해받고 보니까….

T109: 가슴에 손을 얹으시며…. 내 마음이….

H106: 내 마음이 좀 더 따뜻하고 평온해진 것 같아요.

T110: 음… (아내를 보며) 남편에게 한 말씀… 여보… 나도….

W065: 여보… 나도 당신을 이해하고 보니까 우리가 같은 생각을 하고 있었는데 참 몰랐구나…! 그래서 이렇게 알게 되니까 너무 당신 마음이 이해가 되고 나도 마음이 편안하고 안심이 돼요.

T111: 네… 아주 잘하셨어요…. 그동안 내 마음 안에 있는 진실을 아주 솔직하게 말하면서 서로의 마음이 연결되어 느낄 수 있는 소중한 시간이었습니다.
두 분 많이 우셨는데… 지금은 마음이 어떠신가요?

W066: 불안하고 두려움이 사라졌어요. 이제는 살았다는 마음이 들어요.

H107: 아내가 고맙게 느껴져요. 마음이 평안하고 가벼워졌습니다. 내 가족을 지킬 수 있게 되었다는 것이 제일 기쁜 것 같습니다.

T112: 네… 정말 애쓰셨어요. 두 분 안에 있는 진정한 마음이 있었기에 오늘 이렇게 서로를 깊이 이해하시고 잘 연결되셨어요.

네… 수고 많으셨습니다. 일어나서서 허깅(Hugging), 허깅해 주세요. 서로를 깊이 이해하는 마음으로 꼭 안아 주세요….

[상담을 통해 불안과 두려움으로 인해 미래에 대한 절망을 느끼고 있었던 부부가, 서로의 마음을 확인하고 신뢰 관계를 회복하도록 이끌었다. 또한 이 상담은 가장 안전하고 효과적인 방법으로 이루어졌다. 그렇기에 이 상담은, 2천 년 전 예수가 한 사람을 고치기 위해 온 마음을 다해 사랑으로 접근했던 방식을 따랐다고 본다. 예수는 개인을 회복시켜 그들 가정과 지역 사회를 변화시키는 놀라운 상담을 했었다. 예수를 만나 상담을 받은 사람들은 이전과 전혀 다른 새로운 삶을 살게 되었다. 예수는 최고의 상담가로서 불안과 두려움에 빠진 사람들에게 새로운 삶을 살게 했다. 예수의 상담은 그 어떤 상담보다도 뛰어나며, 그는 진정한 변화와 회복을 이끄는 세상에서 가장 탁월한 상담가다. 예수는 인류 역사상 전무후무한 '원더풀 카운슬러'다.]

7) 사례 연구 논의

이 사례는 IRI 38년 역사 중 최고점을 거둔 사례로 기록되었다. 앞에서 보듯이 이마고 부부 대화 상담법은 부부간의 갈등을 해결하고 서로의 상호 연결을 강화하기 위해 발전된 방법이다. 이는 부부가 서로를 듣고 이해하며, 감정과 욕구를 솔직하게 표현하도록 도와 인간관계를 개선하는 데 초점을 둔다. 기독교 상담에서도 인간관계의 중요성과 서로에 대한 배려, 이해, 용서 등이 강조되며, 부부간의 더 나은 연결과 사랑을 구축하는 데 도움이 되는 것을 보았다. 이 부부 대화 상담법의 과정을 통해 부부가 서로의 과거 상처와 상호 의존성을 인식하고 이를 통해 자아 성장과 변화를 이루는 것을 장려했다. 이러한 과정은 부부간의 이해를 극대화하고 개인적인 성장을 도모한다. 그리고 기독교 상담에서도 성장과 변화는 중요한 요소로 강조되는 부분이다. 그러나 여기에는 믿음과 신앙의 측면이 함께 작용하여, 부부가 성령의 도움과 지혜를 얻고 자기 자신과 상대를 더 깊게 이해하는 데 도움이 된다.

> 누군가를 진실로 들을 때 느끼게 되는 또 하나의 특별한
> 만족감이 있다. 그것은 마치 천상의 음악을 듣는 것과도 같다.
> 왜냐하면 그 어떤 것이라도 사람의 직접적인 메시지
> 너머에는 온 우주가 있으니 말이다. 진실로 듣게 되면 모든
> 사람의 이야기 뒤에는 질서 정연한 심리적인 규칙들이
> 숨겨져 있는 것 같다. 그 규칙들은 우주에서 전반적으로
> 발견하게 되는 똑같은 질서의 양상을 띠고 있다. 그러므로
> 그 사람을 듣는다는 만족감과 자신이 우주적인 진리와
> 만나고 있다는 느낌에서 오는 만족감 모두를 얻게 된다.[141]

더 나아가 이러한 부부 대화 상담법은 상대방을 사랑하는 데 초점을 맞춘다. 예수는 성경에서 어느 계명이 가장 크냐고 묻자 "네 마음을 다하고 목숨을 다하고 뜻을 다하여 주 너의 하나님을 사랑하라" (마 22:37-39)고 대답했다. "둘째는 그와 같으니 네 이웃을 네 몸과 같이

---

141 Carl Rogers, op. cit., 28.

사랑하라"(마 22:37-39). 이어서 예수는 모든 율법과 선지자가 이 두 계명에 달려 있다고 말했다. 즉, 우리는 "하나님을 사랑하고 다른 사람을 사랑하라"는 말로 성경의 모든 지시를 요약할 수 있을 것이다. 상담가로서 이것이 우리의 기초이다. 이마고 부부 대화법은 부부간에 사랑의 중요성을 강조하고, 사랑의 자세로 상대방의 필요를 이해하고 배려하는 방법을 소개한다. 그렇기에 이마고 부부 대화법에서 예수의 가르침은 사랑의 강력한 근원으로 제시될 수 있다.

갈등의 원인을 이해하고 배우자의 마음에 깊이 공감함으로써 어린 시절 상처와 미해결 과제의 치유를 돕게 된다. 또한 치유를 통해 하나님의 형상을 회복하는 예수의 상담에서도 사랑과 용서는 중요한 가치로 여겨졌다. 예수 그리스도는 용서와 화해의 중요성을 강조했다. 이는 사람들이 서로에게 용서를 구하고, 갈등과 분쟁을 해소하여 화목한 관계를 유지할 것을 권장하는 것이다. 이러한 정신은 갈등과 문제를 이해하고 이를 통해 용서하는 방법을 가르치며, 부부간의 화해와 상호작용을 개선하는 데 도움이 된다. 그리하여 예수 그리스도의 사랑과 용서의 본보기를 따라 사람들은 서로를 이해하고 용서하며, 하나님과의 관계를 통해 인간관계를 더 깊게 이해하고 풍요롭게 만들어 가게 되는 것이다.

누군가가 자신의 말을 깊이 들어 주고 있다고 느낄 때,
사람들은 거의 항상 눈물을 흘린다. 자신의 외로움에서
풀려나게 된다. 그는 다시 사람이 된다.
오늘날 수많은 사람들이 혼자만의 감옥에 갇혀서 살고 있다.
그들은 밖으로는 그런 모습을 전혀 보이지 않는다.

그러므로 지하 감옥에서 들리는 그 희미한 소리를
들으려면 매우 주의 깊게 들어야만 한다.[142]

이렇게 예수의 상담 방법을 적용하여 이마고 부부 대화법으로 상호
연관성을 적용할 수 있었다. 예수의 전인적인 이해와 사랑이 사람을
있는 그대로 받아들여 용서하는 것처럼 이마고 부부 대화법은 배우자를
있는 모습 그대로 이해하여 받아들이는 용서의 개념과 일치할 수 있다.
따라서 성경적 상담가들이 다양한 현대의 상담 치료 방법에 예수의
상담 방법과 그의 정신을 적용한다면 모든 내담자에게 더욱 강력하고
놀라운 상담 방법으로 사용할 수 있을 것을 믿어 의심치 않는다. 그러나
상담가의 균형을 이루지 못하는 적용일 경우에는 개인의 신념과 선호도에
따라 내담자의 반응에 차이가 있을 수도 있을 것이다.

---

142 Ibid., 30.

VI. 결 론

1. 연구 요약

본 연구는 예수 그리스도의 상담가로서의 상담적 역할과 방법에 대한 체계적이고 심층적인 탐구를 통해 다양한 분야에서의 새로운 통찰을 제시하였다. 나아가 예수의 상담 사례를 통해 성경적 상담의 진정한 의미를 보다 명확하고 깊이 있게 이해함은 물론, 예수의 상담 방법을 현대 상담 이론과 어떻게 결합하고 적용할 수 있는지에 대해 구체적인 용례를 제시함으로써 이 분야의 새로운 지평을 열어가는 데 일조를 했다고 믿는다.

예수의 상담 방법이 질문, 비유, 존중, 윤리, 사랑, 자기 성찰, 그리고 하나님과의 의존성이라는 다양한 핵심 원리로 이루어져 있다는 것을 확인한 것도 연구의 성과였다. 이러한 원리들은 현대 상담 이론과 상당히 일치하며, 예수의 지혜와 가르침을 잘 적용한다면 실제로 성경적 상담가의 실무에 큰 도움을 줄 수 있음을 시사한다.

특히 본 연구에서 사마리아 수가성 여인, 가버나움 혈루증 여인, 여리고의 삭개오, 그리고 갈릴리의 베드로와 같은 예수의 상담 사례 연구를 통해, 그의 접근 방식이 다양한 인간 상황에 유연하게 적용될 수 있다는 것을 확인했다. 이러한 사례 연구는 예수의 상담 방법이 실제 인간 문제에 대한 심오한 통찰과 효과적인 해결책을 제시한다는 점을 명확히 보여주었다. 다만 안타까운 점은 예수의 상담 사례가 복음서에 많이 기재되어 있지 않다는 것이다. 그러나 여기에 제시된 사례들만으로도 예수가 얼마나 내담자들을 사랑하고 진실하게 상담했는지 충분히 깨달을 수 있었다.

또한 이마고 관계 치료(Imago Relationship Therapy)와 같은 현대의 상담 이론과의 융합을 통해 예수의 상담 원리를 실제 상담 상황에 어떻게 적용할 수 있는지를 논의하는 과정에서, 부부상담 사례 연구를 통해 예수의 가르침이 어떻게 실제 상담 과정에서도 유용하게 적용될 수 있는지를 보여줄 수 있었던 것도 큰 보람이었다.

연구의 전 과정에서 예수가 '놀라운 상담가(Wonderful Counselor)'라는 성경의 문구가 어떤 의미인지를 더 깊이 깨닫게 되었으며, 상담가로서의 예수의 역할과 방식이 현대 상담이론과 실무에 새로운 방향성을 제시할 수 있음을 확신할 수 있었다. 필자는 이를 통해 상담사, 종교 지도자, 그리고 신앙인들에게 심리적 지혜와 영성적 지침을 통합하여 제공할 수 있는 새로운 가능성을 열어 갈 수 있을 것으로 기대한다. 이로써 예수의 상담적 원리가 계속해서 삶의 다양한 영역에서 적용되고 이론적, 실용적 지식을 확장시켜 나갈 것을 소망한다.

2. 신학적 논의

예수의 상담 방법은 단순히 심리학적 또는 인간 중심적 접근을 넘어서, 신학적 깊이와 연결되는 구조적인 차원에서 중요한 의미를 지닌다. 예수의 상담 방법은 하나님 나라에 대한 교훈과 긴밀히 연결되어 있으며, 이는 신학적 상담에서 중요한 차원인 '하나님의 현존'과 '하나님의 은총'을 현실화하는 과정으로 볼 수 있다. 또한 예수는 개인의 죄와 고통에 대응하여 그들의 내면 깊은 곳에 자리 잡은 영적 갈증을 해소하는 방식으로 상담을 진행하였고, 이는 하나님과의 관계 회복을 최우선 목표로 삼았다.

신학적 상담에 있어서 예수의 접근 방식은 창조론적 인간관을 바탕으로 하며, 모든 인간이 하나님의 형상으로 창조되었다는 근본적인 신학적 진리에서 출발한다. 이러한 관점은 인간을 단순한 문제 해결의 대상이 아닌, 영적 성장과 하나님과의 관계 개선이 가능한 존재로 바라보게 만든다. 따라서 예수의 상담 방법은 인간의 존엄성과 가치를 중시하며, 이를 통해 하나님의 사랑을 구체적으로 실천하는 모델을 제공하는 것이다.

본 연구를 통한 예수의 상담 방법론은 현대 상담 실천에 있어서 중요한 영향을 미칠 수 있음을 시사한다. 이는 신학적 상담을 통해 개인의 내면적 치유뿐 아니라 사회적, 관계적, 영적 차원에서의 전인적 변화를 도모할 수 있는 기초를 제공할 수 있다. 또한 이러한 접근은 신학적 상담의 범위를 확장하고, 교회 내외에서의 상담 실천에 신선한 도전을 제기하며, 상담가에게는 더 깊은 신학적 이해와 응용을 요구하는 바탕을 마련할 수 있다.

이와 같은 신학적 내용을 결론으로 도출함으로써 예수의 상담 방법을 현대적 맥락에서 재해석하고, 신학적으로 깊이 있는 상담 실천을 위한 토대를 마련하는 데 기여하기를 소망한다. 이는 궁극적으로 신학과 심리학이 어우러지는 학문적 연구의 필요성을 강조하며, 미래 연구 방향을 제시하는 계기가 되리라 믿는다.

3. 미래 연구 방향

예수의 상담 방법은 수천 년이 지난 현대에도 여전히 큰 영향력을 미치고 있다. 이는 예수의 상담 방법이 다른 상담사들과 구분되는 특징이 있었기 때문이다. 그의 상담 방법은 오늘날 성경적 상담가에게 절실히 필요한 상대방을 이해하고 공감하는 능력, 상대방의 자아 존중을 중요시하는 태도, 상대방과의 관계를 중요하게 생각하는 태도, 그리고 문제 해결 능력 등이 포함되어 있었다.

이 연구는 상담가였던 예수에 대한 내러티브 관점에서 진행했지만 예수가 행했던 상담에 초자연적인 신적 역사와 개입의 차원도 있었다는 것을 부정할 수 없을 것이다. 그래서 우리가 예수님의 상담 방법이나 태도를 상담에 적용한다고 해도 예수님의 차원에 이르기는 불가능한 게 사실이다. 그러나 예수의 상담적인 능력은 오늘날 우리에게도 역사하는 성령의 차원에서 여전히 적용될 수 있는 영역이라는 것을 깊이 강조하고 싶다. 그렇기에 영혼들의 영적인 치유를 위해 성경적 상담가는 일반 상담가들보다 개인의 영적 성장을 위한 매일의 노력을 행해야 할 것이라 믿는다.

그리스도가 원하는 변화는 타락한 인간의 변화에 있었다. 하나님의 구원의 지혜는 우리가 상담할 때 나타날 수 있다. 하나님이 그리스도 안에 만든 새로운 공동체야말로 이러한 상담 사역을 가장 적절하게 해낼 수 있는 조직일 것이다. 그리고 개교회들은 교회의 상황에 맞춰 상담과 보살핌으로 다양하게 일할 수 있을 것이다. 이때 교회는 상담적인 전문 기술들과 인구 통계학적 특성들을 잘 파악할 수 있어야 한다. 그리하여 개교회나 지역 교회, 선교 단체 등 어떤 모습의 공동체라도 새로운 상담 모델을 제공할 수 있도록 노력해야 할 것이다. 오늘날의 상담은 정부에 의해 허가를 받고 세속 심리학의 교의의 영역 안에서 상담의 대가로 이윤을 추구하는 바탕 위에 세워져 있는 것이 현실이다. 이러한 상황 속에서도 예수 그리스도의 놀라운 상담이 이 시대에 온전한 대안으로 자리할 수 있도록 성경적 상담가들이 하나님의 지혜와 사랑을 잘 연구하여 전달할 수 있기를 바란다.

참고 문헌

| 국내 문헌

김병원. **목회상담학**, 서울: 한국성서대학교출판부, 2003.

김순초. **부부미술치료의 실제**, 서울: 만남과치유, 2018.

김종운, 박성실. **인간관계 심리학**, 서울: 학지사, 2012.

김춘수. **꽃**, 지식을 만드는 지식, 2012.

김필성. "내러티브 탐구 과정의 의미에 대한 고찰." *내러티브와 교육연구* 7, No. 2 (2019): 53-71.

염지숙. "교육 연구에서 내러티브 탐구(Narrative Inquiry)의 개념, 절차, 리고 딜레마." *교육인류학연구* 6, No. 1 (2002): 119-140.

유형심. **목회심리학**, 서울: 한국기독교문학연구소출판부, 1981.

이재현. **목회상담과 예수 그리스도**. 서울: 장로회신학대학교출판부, 2018.

신재덕. **예수님의 상담**. 서울: 기독교문서선교회, 2018.

전요섭, 박기영. **기독교상담학자**. 서울: 쿰란출판사, 2008.

조용환. **질적연구 방법과 사례**. 서울: 교육과학사. 1999.

| 번역서

Brown, Rick. **이마고 부부관계치료**, 오제은 역. 서울: 학지사, 2009.

Buber, Martin. **나와 너**, 김천배 역. 서울: 대한기독교서회, 2000.

Clinebell, Howard J. **목회상담신론**, 박근원 역. 서울: 대한예수교장로회총회출판부, 1987.

Corey, Gerald. **상담학개론**, 오성춘 역. 서울: 장로회신학대학출판부, 1983.

Corey, Gerald. **상담자 심리요법의 이론과 실제**, 한기태 역. 서울: 성광문화사, 1985.

Crabb, Larry. **성경적 상담학**, 전요섭 역. 서울: 총신대학교출판부, 1982.

Crabb, Larry. **인간 이해와 상담**, 윤종석 역. 서울: 두란노, 2019.

Frankl, Viktor E. **심리요법과 현대인**, 이봉우 역. 서울: 분도출판사, 1980.

Frankl, Viktor E. **상담과 심리요법의 이론과 실제**, 이현수 역. 서울: 양영각, 1980.

Frankl, Viktor E. **무의식의 신**, 정태현 역. 서울: 분도출판사, 1985.

Hamilton, N. Grefory. **대상관계 이론과 실제 - 자기와 타자**, 김창대 역. 서울: 학지사, 2007.

Hiltner, Seward. **목회신학원론**, 민경배 역. 서울: 대한기독교서회, 1968.

Lambert, Heath. **성경적 상담의 핵심 개념**, 김준 역. 서울: 국제제자훈련원, 2022.

Luquet, Wade and Hannah, Mo Therese. **부부관계 패러다임**, 오제은, 이현숙 역. 서울: 학지사, 2011.

MacArthur, John. **상담론-어떻게 성경적으로 상담할 것인가**, 안경승 역. 서울: 부흥과개혁사, 2018.

Mcminn, Mark R. **심리학, 신학, 영성이 하나 된 기독교 상담**, 채규만 역. 서울: 두란노, 2007.

Moltmann, Jürgen. **생명의 영**, 김진태 역. 서울: 대한기독교서회, 1992.

Moltmann, Jürgen. **세계 속에 있는 하나님**, 곽미숙 역. 동연, 2009.

Myers, David G. and DeWall, C. Nathan. **마이어스의 심리학개론**, 신현정 역. 서울: 시그마프레스, 2016.

Powlison, David. **성경적 관점으로 본 상담과 사람**, 김준 역. 서울: 그리심, 2012.

Tournier, Paul. **모험으로 사는 인생**, 정동섭 역. 서울: InterVarsity Press, 2015.

| 국외 문헌

Adler, Alfred. *The Individual Psychology of Alfred Adler - A Systematic Presentation in Selections from His Writings*. New York: Basic Books, 1956.

Adler, Alfred. *Superiority and Social Interest: A Collection of Late Writings*. Northwestern University Press, 1964.

Adler, Alfred. *Social Interest - Adler's Key to the Meaning of life*. Oxford: Oneworld Publications, 1964.

Adams, Deana. *Christian and Faith-based Counseling for Brain Injury*. NY: Routledge, 2023.

Adams, Jay E. *Competent to Counsel*. Michigan: Zondervan, 1986.

Barth, Karl. *Church Dogmatics, III/2*. T. & T. Clark Publishers, Ltd., 2000.

Burge, Gary M. *Jesus, the Middle Eastern Storyteller*. MI: Zondervan, 2009.

Clandinin D. Jean., & Connelly, F. Michael. *Narrative Inquiry*. CA: Jossey-Bass A Wiley Company, 2000.

Clandinin, D. Jean., & Caine, Vera. *Narrative Inquiry-The Sage Encyclopedia of Qualitative Research Methods, Ed. Lisa M. Given*. Thousand Oaks, CA: SAGE Publications, 2008.

Cresswell, John. W. *Qualitative Inquiry & Research Design*. CA: Sage, 2007.

Dale, Beverly & Keller, Rachel. *Advancing Sexual Health for the Christian Client*. NY: Routledge, 2019.

Darlene, Lancer. *Conquering Shame and Codependency*. Minnesota: Hazelden Publishing, 2014.

Dayringer, Richard. *The Heart of Pastoral Counseling*. NY: Routledge, 2010.

Drakeford, John. *Psychology in Search of a Soul*. Nashville: Broadman Press, 1964.

Durant, Will. *Caesar and Christ [The Story of Civilization: Part III]*. New York: Simon and Schuster, 1944.

English, Horace B. & English, Ava C. *A Comprehensive Dictionary of Psychological and Psychoanalytical Terms*. New York: David McKay Co., Inc., 1985.

Evans, Craig A. & Brackney, *William H. From Biblical Criticism to Biblical Faith: Essays in Honor*. GA: Mercer Univ. Press, 2007.

Frankl, Viktor E. *Mans Search for Meaning*. New York: Simon and Schuster, Inc., 1984.

Luu, Phuc. *Jesus of the East: reclaiming the gospel for the wounded*. Virginia: Herald Press, 2020.

Lynch, Gordon. *Clinical Counselling in Pastoral Settings*. NY: Routledge, 2005. Gilbert, Binford Winston. The Pastoral Care of Depression. NY: Routledge, 1998.

Grove, Downers. *Evidence-based practices for Christian counseling and psychotherapy*. Illinois: InterVarsity Press, 2013.

Jung, C. G. *The Archetype & the Collective Unconscious*. London: Routledge & Kegun Paul, 1975.

Hall, C. S. *A Primer of Freudian Psychology*. New York: The World Publishing Co., 1955.

Hall, C. S. & Lindzey, G. *Theories of Personality*. New York: Wiley, 1966.

Henriksen, Jan-Olav. *Jesus as healer: a gospel for the body*. Michigan: Eerdmans Publishing Company, 2016.

Holeman, Virginia Todd. *Theology for better counseling: Trinitarian reflections for healing and formation*. Illinois: IVP Academic, 2012.

Jacobi, J. *The Way of Individuation*. London: Routledge & Kegun Paul, 1975.

Jones, Robert D. *The gospel for disordered lives: an introduction to Christ-centered biblical counseling*. Tennessee: B&H Academic, 2021.

Knabb, Joshua J. & Johnson, Eric L. *Christian Psychotherapy in Context*. NY: Routledge, 2019.

Knabb, Joshua J. *Acceptance and Commitment Therapy for Christian Clients*. NY: Routledge, 2017.

Kwan, Simon Shui-Man. *Negotiating a presence-centred christian counselling: towards a theologically informed and culturally sensitive approach*. England: Cambridge Scholars Publishing, 2016.

Mack, Wayne A. *Developing a Helping Relationship with Counselees*. Nashville: W Publishing, 1994.

Mack, Wayne A. *Taking Counselee Inventory: Collection Data*. Nashville: W Publishing, 1994.

Mack, Wayne A. *Providing Instruction through Biblical Counseling*. Nashville: W Publishing, 1994.

Moltmann, Jürgen. *Experiences in Theology: Ways and Forms of Christian Theology*. Fortress Press, 2000.

Osgood, Charles E.; Suci, George J.; and Tannenbaum, Percy H. *The Measurement of Meaning*. Urbana: University of Illinois Press, 1957.

Stephen, Greggo. *Counseling and Christianity: five approaches*. IVP Academic, 2012.

Rogers, Carl. *A way of being*. HarperOne, 1995.

Safrai, Shmuel & Stern, Menahem. *The Jewish People in the First Century*. Brill Academic Pub, 1988.

Sandel, Michael J. *Justice: What's the Right Thing to Do?*. Farrar, Straus and Giroux, 2010.

Sanders, Randolph K. *Christian counseling ethics: a handbook for psychologists, therapists and pastors*. Illinois: InterVarsity Press Academic, 2013.

Spangler, Ann & Tverberg, Lois. *Sitting at the Feet of Rabbi Jesus: How the Jewishness of Jesus Can Transform Your Faith*. MI: Zondervan, 2018.

Stein, Robert H. *The Method and Message of Jesus' Teaching*. KT: Westminster John Knox Press, 1994.

Pinnegar, S., & Daynes, J. G. *Locating narrative inquiry historically: Thematics in the turn to narrative*. Ed. D. J. Clandinin. Thousand Oaks, CA: Sage, 2006.

Tverberg, Lois. *Reading the Bible with Rabbi Jesus: How a Jewish Perspective Can Transform Your Understanding*. MI: Baker Publishing Group, 2018.

Tripp, Paul David. *Instruments in the Redeemer's Hands*. New jersey: P&R Publishing, 2002.

Williamson, Edmund G. *Counseling and Discipline*. Herzberg Press, 2011.

Wren, Charles G. *Student Personnel Work in College*. New York: Ronald Press Co., 1951.